세상에서
나의 믿음이
흔들릴 때

Truth Matters

ⓒ 2014 by Andreas Köstenberger, Darrell Bock, and Josh Chatraw
Published by B&H Publishing Group
Nashville, Tennessee, U.S.A.

This edition published by arrangement with B&H Publishing Group through RIRS.
All rights reserved.

This Korean Edition ⓒ 2016 by Timothy Publishing House, Inc., Seoul, Republic of Korea

이 한국어판의 저작권은 RIRS 에이전시를 통하여 B&H Publishing Group과 독점 계약한 (주)도서출판 디모데에 있습니다.
신 저작권법에 의하여 한국 내에서 보호받는 저작물이므로 무단 전재와 무단 복제를 금합니다.

세상에서
나의 믿음이
흔들릴 때

1쇄 인쇄 2016년 3월 10일
1쇄 발행 2016년 3월 21일

지은이 데럴 L. 보크, 안드레아스 J. 쾨스텐버거, 조시 채트로
옮긴이 윤종석
펴낸이 고종율

펴낸곳 주) 도서출판 디모데 〈파이디온선교회 출판 사역 기관〉
등록 2005년 6월 16일 제 319-2005-24호
주소 서울특별시 서초구 서초대로 141-25(방배동, 세일빌딩)
전화 마케팅실 070) 4018-4141
팩스 마케팅실 031) 902-7795
홈페이지 www.timothybook.com

값 13,000원
ISBN 978-89-388-1596-5 03230
Copyright ⓒ 주) 도서출판 디모데 2016 〈Printed in Korea〉

무신론과 신앙적 회의에 던지는
복음주의의 대답

세상에서
나의 믿음이
흔들릴 때

조시 채트로
데럴 L. 보크
안드레아스 J. 쾨스텐버거 지음

윤종석 옮김

일러두기
저자 주는 각주 형식으로 표기했으며, 역자 주는 본문 중 괄호 안에 역주로,
편집자 주는 본문 하단에 약물(*)을 삽입하여 표기했습니다.

추천의 글

오늘날은 공격적인 무신론자의 시대지만 그들은 잘못 알고 있다. 성경은 어떻게 생겨났고, 얼마나 잘 보전되었으며, 정말 모순으로 가득한가? 부활은 믿을 만한가? 이런 문제에 대한 오해와 반쪽짜리 진리가 넘쳐 난다. 보통 사람도 쉽게 이해할 수 있도록 이 책은 그 오해들을 바로잡아 준다. 이러한 주제에 의문을 품은 사람이나 그런 사람을 알고 있는 사람이라면 누구나 꼭 읽어야 할 책이다!

크레이그 L. 블롬버그 Craig L. Blomberg 덴버 신학대학원 신약학 명예교수

진리의 정의가 뒤바뀌고 있는 이 시대에 '이상하다'고 소문난 어느 도시에 자유주의를 뽐내는 데 뛰어난 주립대학이 있다. 머잖아 나는 스무 살 된 딸의 짐을 싸서 차에 싣고 딸을 그 학교로 데려다주어야 한다! 안드레아스 쾨스텐버거와 대럴 보크와 조시 채트로에게 함께 가달라고 할 참이었는데 마침 그들이 이 책을 썼으니 대신 책을 보내려 한다. 이들 셋은 최고의 학자면서도 일반인에 대한 애정을 품고, 그들도 이해할 수 있는 쉬운 문체로 다가가는 보기 드문 사람들이다. 나에게는 물론 당신과 당신의 자녀에게도 꼭 필요한 시기에 이 책이 나왔다!

피트 브리스코 Pete Briscoe 텍사스 주 캐롤턴의 벤트트리 교회 담임목사

모든 대학 신입생을 위한 필독서 목록에 올라야 할 책이다. 저자들은 오늘날 손꼽히는 회의론자들에 맞서 설득력 있는 반론을 읽기 쉬운 문체로 제시한다. 대학생을 대상으로 하긴 했지만 이 책의 풍부한 내용은 성경의 신빙성과 기독교의 진리성에 대한 의문에 부딪힌 모든 연령대의 성인에게도 탁월한 자료다.

린 H. 코히크 Lynn H. Cohick 휘튼 대학 신약학 교수

우리 교회들이 행운을 빌며 청소년들을 사자 굴 같은 대학교로 보낸 지가 너무 오래되었다. 그들에게 해 주는 조언이라고는 '맹목적 신앙'을 꼭 붙들고 비기독교인 교수들의 논증을 무시하라는 게 고작이다. "교수들이 알면 얼마나 알겠어?" 나도 그런 말을 듣던 기억이 난다. 솔직히 그들은 아는 게 많다! 이 책은 맹목적 신앙보다 합리적 신앙을 원하는 이들에게 반가운 도움이다. 합리적 신앙은 교수나 친구들이 제기하는 또는 자신의 회의에서 비롯되는 의문을 겁내고 무시하기보다 오히려 거기에 담대히 맞선다. 우리 신앙을 대적하는 논증은 대개 단순 논리인데, 저자들은 그 배후에 간과되는 복잡한 실상을 솔직하고 겸손하며 멋지게 보여 준다. 그 덕분에 우리는 귀를 막지 않고도 여전히 그리스도를 믿는 신앙을 지킬 수 있다. 나의 학생들에게 (또한 그들의 부모와 목사와 동생들에게도) 탁월한 자료다!

에릭 감바델라 Eric Gambardella 크리스토퍼 뉴포트 대학교 IVF 간사

이 책은 지적으로 확실하면서도 읽기가 쉬워서 참 좋다. 신앙 문제로 고민하는 학생들과 솔직한 질문을 던지는 구도자에게 내가 가장 많이 권하는 자료 중 하나가 될 것이다.

J. D. 그리어 J. D. Greear 롤리-더럼 서밋 교회 담임목사, 『복음 본색』(새물결플러스 역간) 저자

아주 시의적절한 책이다. 지난 몇 년 동안 바트 어만을 비롯한 많은 비평학자가 신약의 역사성과 신빙성을 공격하면서 전혀 입증될 수 없는 주장을 내놓았다. 이 책이 진실을 밝혀 준다. 저자들은 학문적이면서도 접근하기 쉽게 교회에 엄청난 자원을 제공한다.

마이클 J. 크루거 Michael J. Kruger 리폼드 신학대학교 총장 겸 신약학 교수

나는 3개 주에서 대학생을 상대로 20년 넘게 사역했는데, 회의론의 수위가 지금보다 높았던 적은 없었다. 입학 첫날부터 졸업식 날까지 세속적 의제가 공격적으로 조장되는 것도 원인으로 작용한다. 의심할 여지 없이 이 책은 귀한 자원이 될 것이다. 우리 지역은 물론 전 세계 우리 간사들과 학생들의 필독서다.

루퍼트 리어리 Rupert Leary 캠퍼스 아웃리치 글로벌 사역 기관

진작 나왔어야 할 책이 드디어 출간되어 감격스럽다! 기독교를 대적하는 가장 흔한 반론에 설득력 있는 대응을 내놓은 책이다. 오래도록 학

생들에게 추천하고 싶다.

션 맥도웰 Sean McDowell 변증 전문가, 『누가 예수를 종교라 하는가』(두란노 역간) 공저자

새천년 세대와 그 가족들을 상대로 사역한 지 15년이 지났으나 한 가지 변하지 않는 사실이 있다. 기독교와 성경을 대적하는 관점에 대응할 수 있도록 청년들을 논리적이고 실제적으로 준비시켜야 한다는 것이다. 쾨스텐버거와 보크와 채트로가 실제적이고 이해하기 쉬운 지침서를 내놓았으니, 이제 우리는 정통 기독교를 대적하는 대중의 반론에 제대로 맞서 기독교 신앙을 강력하게 논증할 수 있다. 당신의 십 대 자녀, 대학생, 청년부 사역자에게 이 책을 주라. 그들의 신앙이 여기에 달려 있을 수도 있다.

데이브 밀러 Dave Miller 오클라호마 주 오클라호마 시티의 센트럴 교회 담임목사

현대 문화가 기독교를 향해 쏟아 내는 가장 흔한 비판에 이 책은 놀랍도록 알기 쉬우면서도 심층적인 응답을 내놓는다. 저자들은 바트 어만을 편견 없이 공정하게 다루되 그의 관점과 그가 대변하는 회의론을 통찰력 있게 비판한다. 연령대를 떠나서 예수님의 모든 제자에게 유익하며, 특히 대학생과 청년들에게 매우 좋은 책이다. 더 상세한 후속작이 기대된다.

스콧 B. 레이 Scott B. Rae 바이올라 대학교 내 탈봇 신학대학원 대학원장 겸 철학과장

우리의 청소년과 청년은 포스트모더니즘의 교활한 회의론에 물들어 하나님을 향한 헌신에서 갈팡질팡하고 있다. 최근에 성경과 그 메시지의 진실성과 신빙성에 대한 공격이 새롭게 대두하면서 많은 그리스도인의 신앙이 파선했다. 자신의 입장을 고수하며 신앙을 변호할 준비가 부실했기 때문이다. 이 책은 그런 도전에 학문적으로 대응하면서 신자들에게 현재 직면한 맹공에 제대로 맞설 수 있는 합리적 논증을 제공한다. 쾨스텐버거와 보크와 채트로는 "너희 속에 있는 소망에 관한 이유를 묻는 자에게 대답"(벧전 3:15)하는 데 필요한 정보를 아주 읽기 쉽게 제시한다.

제이 세드윅 Jay Sedwick 달라스 신학대학원 교육사역 및 리더십 교수

이 책은 하나님의 선물이다. 날로 더 회의주의로 치닫는 문화 속에서 그리스도인 청년을 무장시켜 생존하고 승리하게 해 줄 알기 쉽고 명쾌한 자원이다. 어조가 가볍고 경쾌하여 평범한 학생도 몰입할 수 있으나 동시에 논증과 증거는 견고하여 기독교 신앙에 대한 현대의 공격에 지적으로 대응하려는 모든 사람에게 탄탄한 근거를 제공한다. 확실히 증거에 정통할 뿐 아니라 현대 회의론의 '민감한 주제들'을 논하는 법까지 예리하게 꿰뚫고 있어, 단순한 격려를 넘어 독자를 무장시켜 준다. 그리스도인 학생과 청소년 사역자와 부모에게도 꼭 필요한 자료다.

크레이그 A. 스미스 Craig A. Smith 청소년 집회 강사, 덴버 신학대학원 신약학 및 기독교 교리 부교수

학생들의 손에 들려져야 할 시의적절한 자료다. 이 책을 통해 신앙의 핵심 요소를 곰곰이 생각하게 될 것이고, 문화 속에서 그 신앙을 지키도록 무장하게 될 것이다. 무엇보다 중요한 점은, 학생들이 이 자료를 접하는 동안 믿음이 강해져 구주와 더 깊은 사랑에 빠질 것이다.

벤 트루블러드 Ben Trueblood 라이프웨이(LifeWay) 학생 사역 총재

성경에 대한 진실을 말하는 일은 중요하다. 특히 갈수록 냉소가 깊어져 아무 주제나 다 견강부회하는 포스트모더니즘 문화에서는 더욱 그렇다. 쾨스텐버거와 보크와 채트로는 성경에 대한 통상적 난제에 솔직히 답하여 우리 모두에게 큰 유익을 끼친다. 성경 문맹의 문화에 특히 유익한 것은, 성경이 모순과 신화와 오류로 가득 찼음을 입증하려는 일부 식자들이 제기하는 단골 문제에 대한 세 저자의 논박이다. 결국 알고 보면 그 식자들의 말은 진리에 대한 진실이 아니다.

벤 위더링턴 3세 Ben Witherington III 애즈베리 신학대학원 박사 과정 에이머스 교수

이 책은 경박하게 학식을 뽐내는 일부 교수나 출판물에 강경한 자세를 취한다. 반면에 복음의 진리와 성경을 신중하게 사랑과 목양의 마음으로 입증한다. 저자들은 정보와 논증에 치우치지 않으면서도 맹신이 아닌 합리적 지식에 기초한 기독교 신앙을 권장한다. 또한 구원의 신앙을 확증하는 부분에서 삼위일체 하나님과 성경의 살아 있는 역동을 놓치

지 않는다. 읽기 쉽고 확실하며 믿을 수 있는 이 책은 마땅히 널리 읽혀야 한다. 특히 그리스도에 대한 역사적 증언을 변질시키는 학문에 맞서 그분께 충성하는 법을 배우려는 사람들이 읽으면 좋다.

로버트 W. 야브루 Robert W. Yarbrough 커버넌트 신학대학원 신약학 교수

감사의 글

대릴

성경이 정말 어떤 책인지 질문하고 인내하며 그 답을 찾아 나가는 달라스와 탈봇과 웨스턴 신학대학원의 내 학생들에게.

안드레아스

노스캐롤라이나 대학교 채플힐을 이번에 졸업한 딸 로렌에게.
수고가 많았다!
노스캐롤라이나 주립대학에서 학업의 여정에 오르는 딸 탈리아에게.
계속 예수님을 사랑하고 사람들을 사랑하기 바란다.
너희 둘을 사랑한다!

조시

언젠가 이 책이 필요하게 될 나의 자녀 애디슨과 허드슨에게.

차 례

추천의 글 5
감사의 글 13
머리말 19
당신은 진리에 도전하는 회의론자들에게 대답할 준비가 돼 있는가?

1장 / 회의론의 유혹 26
그럼에도 우리는 왜 기독교를 믿을 수 있는가?

2장 / 하나님은 정말 존재하는가? 50
하나님이 계시다면 왜 더 잘하실 수 없는가?

3장 / 성경은 어떻게 생겨났는가? 82
이 책들은 누가 썼고, 성경은 어떤 기준으로 구성되었는가?

4장 / 성경은 정말 믿을 만한가? 114
그렇다면 성경은 왜 모순을 담고 있는 것처럼 보이는가?

5장 / 성경은 정말 원본이 없는가? 160
   그렇다면 복사본이 사실을 말할 수 있는가?

6장 / 기독교 신앙의 내용은 누가 결정했는가? 194
   그렇다면 기독교는 인간의 손으로 만들어진 것인가?

7장 / 예수는 정말 무덤에서 부활했는가? 224
   그렇다면 그것을 어떻게 증명할 것인가?

후기 243
합리적 신앙과 지적 대화를 위한 읽을거리
주 249

"프로도, 문밖으로 나가는 것은 위험한 일이다.
길에 나섰다가 걸음을 잘못 디디면 어디로 휩쓸려 갈지 모른다."

_J. R. R. 톨킨(J. R. R. Tolkien), 『반지의 제왕』(황금가지 역간)

머리말
당신은 진리에 도전하는 회의론자들에게 대답할 준비가 돼 있는가?

도로시, 여기는 더는 주일학교가 아니다.

여기는 월·수·금 오전 9시 15분에 시작되는 수업이다. 이 시간은 간밤의 짧은 잠과 10시 30분에 있을 대수학 수업 사이에 끼어 있다. 잠시 후면 일이 벌어질 텐데 당신이 준비한 거라고는 대충 집어삼킨 과자 몇 쪽뿐이다.

다윗과 골리앗은 여기서 도움이 못 된다. 이 수업에서 물 위에 떠 있으려면 노아의 방주보다 훨씬 뛰어난 것이 필요하다. 지난주에 교회에서 배운 감동적인 찬양 가사 이상이 필요함은 물론이다. 잠시 후에 만날 종교학 교수는 사실 당신보다 기독교 신앙의 신빙성을 더 잘 입증할 수 있는 사람이다. 영적으로 충격을 주는 그의 강의가 1천 단어 분량으로 된 리포트 과제물과 중간고사로 넘어가면, 당신이 좋아하는 성경 구절은 답으로 인정되지 않는다.

그때 당신은 어찌할 것인가?

더 불안한 질문이 있다. 이것이 모두 끝난 뒤에 당신은 어떤 사람이 될 것인가?

아무리 뒷줄에 앉아 그의 입에서 나오는 말을 믿지 않으려 한다 해도, 당신이 지금껏 사실이라 믿었던 내용이 그냥 편협하고 감상적인 하나의 관점이 아니었을까 하는 의문까지 떨칠 수는 없다. 오늘 당신의 믿음이 강한 것 같다 해서 그의 말에 꽤 일리가 있다고 설득되지 말라는 법은 없다. 조건은 맞는데 결론은 엉뚱하게 나올 것이다. 회의적 이야기에 충분히 노출되면 누구라도 불신 쪽으로 살짝 흔들릴 수 있다. 그리하여 교수가 말하는 더 의식 있고 속지 않는 삶을 선택할 수 있다.

독자들이여, 선도적 대변자 중 하나로 기독교 신앙의 신빙성을 공격하는 바트 어만Bart Ehrman 박사*를 소개한다. 어만 외에도 전국 각지에서 많은 사람이 초기 기독교에 대해 비슷하게 가르치고 있

---

*   이 책을 읽기 전에 먼저 바트 어만이란 저자에 대해 이야기해야 한다. 그는 원래 복음주의 기독교인이었으나 프린스턴 신학대학원에서 목회학석사와 철학박사 학위를 받고서는 신학에 능통한 불신자가 되었다. 또한 그는 예수님 시대 역사·문헌·전통에 대한 뛰어난 해설가이자 노스캐롤라이나 대학교 종교학과 교수다. 그는 저서 『성경 왜곡의 역사』에서 필사로 이어 온 성경 사본이 무수히 복제되는 과정에서 개입된 왜곡의 역사를 보여 주며 성경의 무오성을 '합리적'으로 반박하였고, 이 책은 베스트셀러가 되었다. 문제는 기독교 신앙을 바탕으로 자라난 미국 아이들이 대학교에 진학할 때 바트의 책이나 수업을 읽거나 들어야 하고 자기도 모르는 사이에 신앙에 회의를 갖게 된다는 데 있다. 미국 상황이 우리나라의 배경과는 다르지만, 바트가 주장하는 논리가 일반적으로 회의주의자들이 주장하는 바와 같다고 보면 될 것이다. 이 책은 회의론의 대표 주자 바트 어만이 주장하는 주요 골자를 논리적으로 반박하고, 신앙에 대한 지적인 공격에 무장될 수 있도록 도울 것이다.

다. 이제 당신은 하나님과 성경에 대해 품었던 생각과 작별할 각오를 해야 한다.

∞

삶의 많은 시간을 종교적 의문과 씨름하며 보냈든 그렇지 않든, 이제 기독교 신앙에 대한 당신의 사고는 오병이어 수준에서 벗어나야 한다. 당신의 신앙을 떠받치는 기초가 실제로 얼마나 탄탄한지 알아야 하기 때문이기도 하지만, 언젠가 그 지식이 당신의 삶을 좌우할 수도 있기 때문이다. 여태까지 해답이던 성경이 의문으로 바뀌면 당신은 어찌할 것인가? 성경이 날조되었거나 실제 사건과 무관하다며 의문시될 때 성경 내용을 어떻게 논의할 것인가? 이렇게 혼란스러운 세상에서 어떻게 확실한 믿음을 길러 나갈 것인가?

이유가 하나 더 있다. 세상의 바트 어만들이 당신을 기다리고 있기 때문이다. 당신이 청년이든 아니든 그의 철학은 우리 문화의 대세다. 그리스도인으로서 준비되어 있지 않으면 그것은 당신의 신앙을 서서히 무너뜨릴 것이다.

바트 어만은 정말 똑똑한 사람이다. 그것만은 분명하다. 당신도 그가 방송 황금 시간대에 존 스튜어트Jon Stewart나 스티븐 콜베어Stephen Colbert 같은 코미디언을 가볍게 농담으로 맞상대하는 모습을 보았을지 모른다. 성경의 진정성이나 예수의 실존성을 주제로 한 그의 〈뉴욕타임스〉 선정 베스트셀러가 점점 많아진다는 말을 들었거나 읽었을지 모른다. 또 자신의 불가지론*에 반대하는 학자들을 상대로 한 그의 공개 토론도 한두 번 보았을지 모른다. 아니면 당신은 어만에 대해 금시초문일 수도 있다.

이 책의 주제가 바트 어만이 아니니 그래도 괜찮다. 이 책의 주제는 하나님이고, 변하는 세상과 바뀌는 문화 속에 건재한 그분의 진리다. 또 이 책의 주제는 당신이고, 당신이 경험할 회의론의 대변자들과 권위자들의 총합이다. 당신이 부딪힐 의문은 어만을 기독교에 대한 회의라는 문화적 제트 기류 속으로 떠민 논제와 똑같을 소지가 크다. 그래서 우리는 대략 이 책을 그가 교육과 저술에서 대중화하고 영속화하고 있는 주제를 중심으로 전개하기로 했다.

예컨대 그의 주장에 따르면 복음은 정말 예수님이 제자들에게 말씀하거나 가르치신 내용에 기초한 게 아니다. 단순히 기독교 시대의 첫 몇 세기 동안 가장 큰 목소리를 낸 다수파가 득세하여 만들어 낸 작품이다. 기독교는 정치적, 종교적 고지를 점령하고 자체의 기록물을 거룩한 경전으로 선포했으며, 이로써 건강한 다양성의 목소리를 봉쇄하고 완력으로 입을 막아 버렸다.

---

* 인간은 신을 인식할 수 없다는 종교적 인식론. 이 학설은 유신론과 무신론을 모두 배격한다.

성경은 의제에 맞게 짜 맞춘 것이다.

그의 주장에 따르면 신약의 많은 주장은 날조된 것이며, 알려진 전통적 저자들이 실제로 기록한 게 아니다.

성경은 기본적으로 위작이다.

그의 주장에 따르면 AD 첫 몇 세기 동안 성경의 기록물을 보전한 필사 과정은 현존하는 사본들에 더러는 실수로 더러는 고의로 오류와 모순을 너무 많이 남겨, 실제로 원본에 뭐라고 되어 있었는지 전혀 알아낼 재간이 없다.

결국 당신의 성경에는 진정한 하나님의 말씀이 없다.

그의 주장에 따르면 성경은 온갖 모순과 상충되는 신학과 사건 발생의 애매한 시점으로 점철되어 있어, 성경을 그 자체의 핵심 주장에 대한 정확하고 권위 있는 정보로 여긴다면 미친 짓이다.

성경은 앞뒤가 맞지 않는다.

그의 주장에 따르면 그리스도의 제자들은 십자가에서 죽으신 예수님께 뭔가 기적이 벌어졌다고 믿지만, 그 주장이 정말 역사적 사실인지 확실히 알 수 없다.

<u>기독교의 기초 자체가 의심스럽다.</u>

무엇보다 중요하게 그의 주장에 따르면 이 모든 속임수의 배후인 소위 하나님은 자비롭거나 전능하다는 평판을 들을 자격이 없다. 객관적 레이더로 온 세상을 훑어보면 인간이 경험하는 고통과 고난의 신호가 얼마나 많이 잡히는지, 차마 우리가 설명하거나 소화할 수 없을 정도다.

<u>하나님은 우리를 사랑하지 않으며 어쩌면 아예 존재하지 않는지도 모른다.</u>

모두 계략이고 거짓이다. 다 교묘한 속임수다. 진실은 없고 그저 헛되고 부질없는 희망만 있을 뿐이다.

매주 사흘씩 아침부터 그런 강의를 들어 보라. 당신이 알고 있는 예수님에 대한 내용은 다분히 멜 깁슨 영화의 등장인물한테서 배웠을 수도 있고, 또는 특정한 방식으로 드리는 기도나 운동하면서 기독교 음악을 들을 때 하나님이 느껴진다는 마음속 확신에서 왔을 수 있다. 계속 그 상태를 고수하려 해 보라.

물론 신앙에 기초한 영화나 음악 등으로 당신의 삶을 채색하는 것은 잘못이 아니다. 다만 대학에서 받는 종교 수업에서는 그런 수준 낮은 성경 지식이 전혀 통하지 않는다. 삶의 의문이 너무 복잡해져, 교회에서 주최하는 캠프와 주말 수련회로 더는 답할 수 없기 때문이다.

여태껏 하나님과 성경을 믿었던 모든 내용이 매주 2-3회씩 한 시간 내내 조롱과 논박을 당하면, 신앙의 기둥이 오락가락 흔들릴 수밖에 없다. 그 속에서 계속 똑바로 서 있으려면 이제부터 읽을 정보가 당신에게 절실히 필요하다. 당신은 어만이 묘사한 다른 순진한 수강생들처럼 위축될 필요가 없다. 그들은 "자신의 소중한 믿음에 행여 의심이 들까 봐 귀를 막고 크게 흥얼거려 아무것도 듣지 않는다."[1]

정말이지 당신의 '소중한 신앙'으로 어만의 회으에 능히 맞설 수 있다. 똑똑히 보고 들으면서 말이다.

그러므로 이것은 인신공격이 아니라 개인적 중대사다. 이 책을 계속 읽어 나간다면 분명히 그런 대담한 불신의 주장들을 당신만의 담대함과 확신으로 즐거이 물리칠 수 있다. 빈정대는 회의와 공격 속에서도 당신은 이 책이 가르쳐 주는 성경에 대한 배경 지식과 해답과 사고력으로 침착하게 대응할 수 있는 합리적 힘을 얻을 수 있다.

이것은 중요한 문제다. 진리는 끝까지 남는다. 지금 이 순간 당신이 다른 일을 다 제쳐 두고 이 책을 읽고 있음은 현명한 일이다. 자신이 믿는 내용과 그것을 믿는 이유를 알면 그리스도인으로서 당신의 신앙과 사랑에 진정한 용기가 더해지기 때문이다.

"송사에서는 먼저 온 사람의 말이 바른 것 같으나 그의 상대자가 와서 밝히느니라"(잠 18:17).

1장

바트 어만[1] 결국 나는 인간의 지성을 믿는다. 어떤 관점이 그럴듯한지 아니면 터무니없는지는 누구나 볼 수 있어야 한다. 어떤 한 역사적 주장이 근거가 있는지 아니면 정해진 정답에 꿰맞추려는 이념적, 신학적 욕심에서 비롯된 공상일 뿐인지 누구나 알 수 있어야 한다.

회의론의 유혹

그럼에도 우리는 왜 기독교를 믿을 수 있는가?

사도 바울(고전 13:6)   [사랑은] 진리와 함께 기뻐하고.

바트 어만은 무디 성경학교(Moody Bible Institute)에 학부생으로 들어갈 때는 자신이 근본주의 그리스도인이라 믿었고, 시카고 지역의 또 다른 명문 기독교 학교인 휘튼 대학에서 학사 과정을 밟을 때는 복음주의자로 전향했다. 그러나 후에 프린스턴 신학대학원에서 목회학석사와 철학박사 학위를 받고 나서는 더는 둘 중 어느 쪽도 아니게 되었다.

대학원에서 수학하는 동안 그는 스스로 표현한 대로, 웬만한 보수 그리스도인이 꺼리는 일을 했다. 무조건 성경에 대한 증거부터 파헤친 뒤 그 결과를 그대로 따라갔다. 자신의 선입견과 편견과 가정에 억지로 증거를 꿰맞추지 않았다. 그는 우리도 그럴 각오만 되어 있다면 자신이 그랬던 것처럼 불가피한 결론에 도달할 거라고 주장한다. 아무리 성경이 진리기를 간절히 바랄지라도, 명백한 증거와 모자란 정보를 종합해 보면 믿을 수 없는 책임을 깨닫게 된다는 것이다. 아울러 우리가 선의로 믿는 기독교의 좋은 내용도 사실은 모두 유치한 개념임을 알게 된다고 했다.

어만은 그런 학문적 논쟁에 심취하다가 신앙을 잃었고, 그 뒤로는 순진한 학생들의 신앙을 훔치고 있다.

하지만 그의 말이 그토록 설득력 있는 이유는 무엇인가? 종교학 교수(그는 노스캐롤라이나 대학교 정교수 겸 듀크 대학교 외래교수다)가 어떻게 학계의 록스타가 되었는가? 성경과 관련한 역사와 가설을 다룬 논문이 대부분 독자의 불면증을 달래 주는 역할밖에 하지 못하는 이때, 그는 어떻게 같은 주제를 담은 책을 거뜬히 수십만 권이나 팔았는가? 지난 9년 동안 <뉴욕타임스> 선정 베스트셀러 목록에 오른 것만도 네 권이나 된다.[2]

그가 파는 게 무엇이기에 이렇게 뜨거운 반응을 불러일으키는가?

그리고 이런 질문에 대한 답에서 당신이 배울 점은 무엇인가? 어떻게 하면 그들처럼 의심과 회의의 안갯속으로 끌려 들어가지 않을 수 있는가?

이번 장에서는 입문 성격을 띤 네 가지 개관과 그에 따른 실제적 경고와 적용을 제시할 것이다. 이를 통해 당신은 회의론자 교수들이 그 많은 학생을 단기간에 능숙하게 요리하는 이유와 당신이 그중 한 사람이 될 필요가 없는 이유를 알 수 있다. 그들의 수법이 모두 그 자체로 잘못되거나 음흉한 것은 아니지만 그래도 알아 둘 필요가 있다. 자칫하면 그런 수법이 틈을 타서 당신이 정보를 수용하는 방식에 영향을 미치고, 결국 당신은 의심하는 데 더 순탄하고 쾌적한 자리를 내줄 수 있기 때문이다.

표현 방식이 아닌 내용이 더 중요하다

첫째, 그들은 당신의 언어로 말한다. 예컨대 어만은 아주 솔깃한 이야기를 들고 당신에게 다가온다. 철없는 십 대 시절에는 자신도 기독교 신앙 쪽으로 기울었다는 것이다. 십 대라면 지금 대학생들의 연령과 인생 경험에서 그리 멀지 않은 과거다. 하지만 어릴 적 그가 품었던 감정적 열정은 그리 오래가지 못했다. 사춘기의 불안한 정서를 교회가 잠깐 채워 주었으나 결국 그는 학문과 지적 추구에서 만족을 얻었다. 그러자 갑자기, 드디어 삶이 훨씬 의미 있어졌다. 여태 주입된 신앙 때문에 묻어 두었던 회의가 더는 얌전히 있지 않고 논리를 펼쳤다. 당연히 성경은 인간이 지어낸 문서다. 당연히 하나님은 성경이 말하는 그런 존재일 리가 없다. 당연히 인간은 죽었다 살아날 수 없다. 당연히 성경에 그려진 현실과 우리 주변에 소용돌이치는 일상의 괴리가 이렇게 커서는 안 된다. 우리가 보고 냄새 맡으며 실제로 살아가는 현실은 바로 후자다.

물론 그런 내면의 씨름 가운데 불가지론을 경험한 사람이 비단 어만뿐은 아닐 것이다. 아마 그라면 이것을 지적으로 솔직해진 덕분에 사고가 명료해졌다고 표현할지도 모른다. 그런데 퉁명스럽고 완고한 전형적 회의론자의 이미지와 달리 어만의 태도는 냉담하거나 분노에 차 있거나 논쟁적이지 않다. 오히려 그는 서슴없이 자신의 약한 면까지 내보이며 놀랍도록 호감을 준다. 간혹 한밤중에 식은땀을 흘리며 깨어나 혹시 자신이 틀렸고, 지옥이 실존하며, 자기처럼 기독교 신앙을 중도에 버린 사람이 결국 큰 화를 당하지 않을까 싶어 두렵다고 털어놓기도 한다.³

아울러 어만은 개인적으로 고난과 비극의 문제로 꽤 씨름했다. 우리처럼 그도 힘들 때 하나님이 어디 계시는지 알려고 애썼다. 그분은 마음만 먹으면 뭐든 하실 수 있는 분이 아닌가? 이런 문제로 고민해 보지 않은 사람이 누가 있는가? 중국에서는 난데없이 다리가 붕괴되어 40명이 추락사했고, 펜실베이니아 어느 숲 속 조깅 코스에서는 젊은 여성이 강간당했으며, 코네티컷에 있는 교실에서는 정신이상자가 아이들에게 총을 난사했고, 오클라호마에서는 초등학교 두 곳이 돌풍에 날아갔다. 자신의 피조물이 이렇게 고통당하고 있는데 선하신 하나님이 어찌 그리 무심하게 수수방관하실 수 있단 말인가?

좋은 질문이다. 물어볼 가치가 있다.

이럴 때 당연히 예상되는 것이 철학적이고 교리적인 변론이다. 때에 따라 답답한 분위기에서 추상적 이론만 오갈 수도 있고, 또는 화자들의 얼굴과 시위대의 팻말과 텔레비전 카메라들이 요란하게 부딪칠 수도 있다. 그런데 이 똑같은 행위에 개인의 감동적 사연이라는 따뜻한 옷과 색감을 입혀 보라. 장내의 분위기가 완전히 달라진다. 이제 사람들은 경청한다. 동정하며 웃고 어쩌면 고개까지 끄덕인다. 비록 속에는 혼란과 의문과 이의가 있을지라도 말이다.

이제 사람들은 적어도 상대의 배경을 알 수 있다. 요즘은 하나님께 실망한 사연을 지닌 사람이 부쩍 많아졌다. 그들의 신앙은 속속들이 흔들려 고통과 의심만 남았다.

다시 말하지만 관념의 휘장 뒤에서 걸어 나와 청중과 눈빛을 마주치며 자신의 참모습을 보여 주고 자신의 사연을 들려주는 것은 잘못이 아니다. 그러나 사연이 마음이 와 닿는다 허서, 상충하는 사고들의 궁극적 중재자인 진리의 역할이 소멸하는 것은 아니다. 이 흡인력 있는 화자가 불가지론자인 신약학 교수든 아니면 교회 중고등부 캠프에서 일주일 동안 밤마다 말씀을 전하는 문신투성이의 외부 목사든, 진리를 가려듣는 기준은 똑같이 적용된다. 아무리 상대가 개인적으로 당신 마음에 들거나 당신과 마음이 통한다고 느껴지더라도 관계없다.

중요한 것은 말하는 방식이 아니라 그 말에 담긴 내용이다.

내가 몰랐던 부분이다

둘째, 아마도 그들은 당신이 이런 생각을 해 본 적이 없음을 알고 있을 것이다. 평범한 사람치고 많은 시간을 투자하여 성경의 기원을 따져 보거나 기독교 역사를 훑어본 사람은 없다. 평생을 교회에서 보낸 평범한 대학생도 마찬가지다. 이들이 오직 또는 주로 아는 거라고는 여태까지 자신이 경험해 온 하나님인데, 그것만으로도 본인이 기독교 신앙의 가장 중요한 핵심을 간파하고 있다는 기분이 들기에 충분하다. 경제학이나 연설법 수업보다 이 수업에 들어올 때야말로 그들은 하나님을 웬만큼 깊이 알고 잘 기억하고 있는 상태다. 그래서 어렸을 때 자신이 여름 성경학교에서 이런 내용을 이미 대부분 뗐을 거라는 생각마저 든다.

그러니 새로운 교수가 전혀 다른 말을 할 때 그들이 받을 충격은 이루 말할 수 없다.

이렇듯 어만 같은 사람들은 많은 학생에게 재치 있는 관광 가이드가 된다. 그가 구경시켜 주는 여러 분야의 주제는 새로운 풍경과 소리로 넘쳐 나며, 겉보기와 달리 안으로 들어가면 훨씬 재미있다. 그 점에 대해서는 우리도 이의가 없다.

문제는 이 관광 가이드가 관광 코스는 물론 각 방문지의 강조점까지 자기 마음대로 결정할 수 있는 우위에 있다는 점이다. 그의 정확한 추정처럼 관광 그룹은 자신들이 무엇을 구경하게 될지 전혀 모른다. 그 결과 종교적 자료에 대한 그의 어법과 해석은 대개 드러내는 것보다 감추는 게 훨씬 많다. 그 차이를 분간할 만큼 식견이 있는 사람은 강의실에 거의 없다.

예컨대 어만의 저작을 잘 보면 정말 눈에 띄는 게 있다. 자신의 견해에 대한 반론을 거의 인정하지 않는다는 것이다. 대체로 그가 문제를 다루는 방식은 종교학 분야 전반에서 벌어지는 실제 담론보다 훨씬 일방적이다.

일례로 그는 성경 사본과 위작이라는 흥미로운 전시관으로 당신을 데려가 필사자와 고대 양피지의 세계를 보여 줄 것이다. 하지만 그가 내놓는 증거는 현대의 성경이 원본에 기초한 것일 수 없다는 자신의 주장을 뒷받침하는 것에 불과하다. 하나님이 거룩한 말씀을 그런 조잡한 방식으로 우리에게 전수할 리가 없다는 것이다.[4] 그는 의문을 제기하는 것만으로 자신이 유일한 답을 제시했으며, 따라서 당신이 기꺼이 그 답을 수용해야 한다고 가정하는 것 같다. 하지만 그렇지 않다. 성경에 오류가 있을 수 있다고 말하는 것과 실제로 오류가 있음을 입증하는 것은 천지 차이다. 뭔가가 사실일 수 있다고 말한다 해서 반드시 사실이라는 뜻은 아니다.

그런데 많은 대학 강의실에서 그런 일이 벌어지고 있다. 성경 회의론이라는 관광버스는 학생들을 싣고 매시 정각에 출발한다. 아마도 교수는 이번이 당신의 첫 여행임을 알고, 성경을 믿지 말아야 할 온갖 이유만 늘어놓아도 수업 시간이 금방 지나갈 수 있음을 알고 있다. 또 당신 손에 들린 관광 안내 책자(자신이 선정한 교과서)가 자신의 모든 말과 전시물을 뒷받침해 줄 것도 알고 있다. 그들이 제기하는 다양한 성경적, 신학적 주제를 다루거나 토론하려면 든든한 기초가 필요하다. 그런 기초가 전혀 없다면 당신은 이런 생각이 들 것이다. '이 사람의 말은 정말 설득력이 있다.'

하지만 그들은 어리석지 않다. 책을 집필하든 논문을 발표하든 대학에서 강의를 하든, 학문을 하려면 먼저 최고의 반대 관점에 맞서 자신의 견해를 변호해야 함을 그들도 알고 있다. "당신 말이 사실이라면 저쪽에 있는 저것은 어떻게 설명하겠습니까?" 이런 질문이 나오지 않기만을 바랄 수야 없는 일이다. 공정한 관광 가이드라면 당신에게 모든 전시물을 보여 주고, 자신을 비판하는 진영까지 포함하여 모든 사람의 말을 듣게 할 것이다. 자신의 논증이 워낙 탄탄해서 모든 도전자의 논증을 이기리라는 확신이 있기 때문이다.

만일 어느 한 입장이나 좁게 걸러 낸 몇 가지 입장밖에 들을 수 없다면 당신은 상대가 그 외의 입장은 왜 말해 주지 않는지, 어째서 이렇게 공을 들이면서까지 나머지를 보여 주지 않는지 의문을 품어야 한다. 특히 당신이 이 분야에 아마도 처음임을 상대 쪽에서 아는 경우라면 더하다.

바로 내 생각이다

셋째, 그들은 불신의 풍조를 부추기고 강화한다. 굳이 지적할 필요도 없겠지만 우리가 사는 이 시대가 거의 유일하게 배격하는 신념은 바로 완전한 다양성을 용인하지 않는 신념이다. 그런데 그 다양성 안에서 모두가 선택하는 길은 결국 진리로, 즉 그들의 진리로 귀결된다.

D. A. 카슨D. A. Carson의 책 『관용의 불관용』(The Intolerance of Tolerance)에 인용되어 있듯이, 최근 하버드에서 한 졸업생이 졸업식 연설에서 그 점을 피력했다. "사람들은 말하기를 어느 가치관의 우월성을 내비치는 것은 이단이고, 도덕적 논증을 믿는 것은 환상이며, 나보다 더 건전한 판단에 승복하는 것은 굴종이라 합니다. 우리 시대에 자유란 내 마음대로 아무런 가치관에나 헌신하는 자유입니다. 단 조건이 하나 있는데 그 가치관을 진리로 믿어서는 안 된다는 것입니다."[5]

다시 한 번 읽어도 좋다. 아주 심오한 말이다.

오늘날 사람들은 대부분 관용의 사고방식에 완전히 젖어 있다. 그래서 기독교의 배타적 진리 주장(예를 들어 구원받을 길은 예수님을 믿는 것뿐이라는 주장)에 본능적으로 저항한다. 반면 그들은 자신의 종교적 성장 과정과 결별하고 도량이 넓다는 평판을 얻기로 결심했고, 그래서 자신의 그런 결심을 지지해 주는 말이라면 누구의 말이든 받아먹는다.

관용이 우리 문화에서 아예 신이 되다 보니 관용의 부재는 곧 이단으로 통한다. 그 결과 관용이 진리를 삼켜 버리고, 내 취향에 거슬리거나 걸림돌이 될 만한 요소에 대해서는 탐구할 필요성을 일체 부정한다. 자신이 누구이고 무엇을 믿는가와 관계없이 만인에게 적용되는 보편 원리가 분명히 존재하건만, 관용은 그런 개념을 편리하게 피해 간다. 관용은 진리만 빼고는 아무것도 문제 삼지 않기 때문에 참 편한 자리다. 하지만 동시에 위험한 자리일 수 있다.

그러므로 토론 중에 버릇처럼 빈정대는 회의론자들은 이미 막강한 지원군을 등에 업고 있다. 그들의 말은 합리적으로 들린다. 이제 당신이 부모의 감시와 기대를 벗어나 독립적 존재가 되었기에 특히 더하다. 그들은 당신이 아마도 의심의 사다리를 불과 몇 칸만 더 내려가면 자신에게 설득당하리라는 것을 알고 있다. 그들에 따르면 기독교는 많은 대안 중 하나일 뿐 아니라 아예 신앙으로 존립할 수조차 없다. 어만이 직접 결론을 내렸듯이, "신이 존재하는지 나는 '모른다.' 설령 존재한다 해도 내 생각에 그는 유대-기독교 전통에서 말하는 신은 아니다."[6]

당신의 친구나 교수도 똑같이 그런 생각을 품고 있다.

만일 그렇다면 그들은 당신의 신앙을 의심해도 괜찮다고 말할 것이다. 부실한 기독교 신앙을 왜 아직도 붙들고 있느냐고 당신에게 따질 것이다. 자신의 논증을 뒷받침하려고 학계 전체를 들먹일 수도 있다. 어만도 『예수 왜곡의 역사』(청림출판사 역간) 첫 장에서 그렇게 했다. "신약학 분야에서 내 가장 친한 친구들(과 그다음으로 친한 친구들)은 신약성경, 역사적 예수, 기독교 신앙의 발전, 기타 유사한 주제에서 나의 대부분의 역사적 관점에 하나같이 동의한다. 이것저것 의견이 다른 부분이 있을 수는 있으나(어차피 우리는 학자므로 실제로 그렇다) 역사적 방법과 거기서 귀결되는 기본 결론에서만은 전원 의견이 일치한다."[7]

남들도 전부 나와 같은 생각이다.

정말일까? 과연 전부일까?

그들의 말대로라면 당신은 성경의 신빙성, 예수의 주장, 신의 존재 등에 대한 회의적 관점이야말로 진정한 학자들의 표준 입장이라고 믿어야 한다. 그들이 내놓는 소위 깨우친 결론이 곧 기본 통념이자 공통분모인 셈이다. "우리는 전원 동의한다." 우리는 모두 그렇다는 것이다.

하지만 누가 뭐라고 하든 장담컨대, 성경을 진지하게 연구하는 학자 중에는 그런 관점을 품은 사람만 있는 게 아니다.

> ATS(신학대학원협회)의 공식 인가를 받은 미국 내 모든 신학대학원 중 상위 10위권에 든 학교는 전부 복음주의다. 이 학교에 적을 둔 학생만 수백만이고 교수도 수만에 달한다. 신학대학원 교수가 사실상 전원 어만의 견해에 동의한다면 미국의 10대 신학대학원에서 가르치는 이 교수들은 누구인가? 어만이 분석한 현대의 신학대학원에 포함된 학교는 이미 그와 견해가 같은 학교뿐인 것으로 보인다. 누가 주류인지를 당신이 결정한다면 당신의 견해가 주류임을 입증하기란 그리 어렵지 않다.[8]

여기 분명한 사실이 있다. 당신의 교수가 내놓은 바로 그 주장을 다른 수많은 저명한 학자가 살펴본 결과 전혀 다른 결론에 도달했다는 것이다. 그 교수는 유독 당신만 다르다고 말할지 모르지만 당신은 전혀 혼자가 아니다.

하지만 그들이 괴롭히고 따돌리는 수법은 경영학이나 간호학을 전공하는 19세 학생에게 예리한 심리적 칼날을 휘두른다. 학생들은 선택과목의 학점 수를 채우거나(일부 학교의 경우) 필수과목을 이수하려고 그 수업에 들어갔을 뿐이다.

지금부터 이렇게 해 보면 어떨까? 막연한 총론을 잠시 내려놓고 각론으로 들어가 보는 것이다. 이런 주제에 대해 무엇을 믿어야 할지 결정할 때, 기성 학계를 무조건 성역으로 여길 게 아니라 총체적 자료를 직접 살펴보고 폭넓은 견해를 공정하게 비교한 뒤 이에 기초하여 결정하면 어떨까?

성경에 기록된 내용을 신중하게 연구하고 나서 믿게 된 학자도 있다. 어만 같은 부류는 그런 학자를 무시하는데 사실 이것은 교묘한 모순이다. 한편으로 그들은 논리와 증거만이 유효하며, 최상의 논증이 승자라고 말한다. 하지만 그래 놓고는 논증하고 말 것도 없다는 식으로 얼버무린다. 자기네와 의견이 다르면 누구든지 몰상식한 편견에 사로잡혀 있으며, 자기네 유파의 학자만 증거를 객관적으로 본다고 주장한다.[9]

당신은 그들에게 동의하거나 동의하지 않을 수 있다.

전자가 옳은 길이고 후자는 고집쟁이가 되어 퇴보하는 길이다. 둘 중 하나를 택하라는 것이다.

그들의 이런 무시를 절대 놓쳐서는 안 된다. 이것은 상반되는 관점에 선제공격을 가하려는 그들의 암호며, 그들의 견해 자체 외에 아무런 근거도 없다.

신앙이 있어야 한다

끝으로, 그들은 신앙과 이성이 상충한다는 관점을 부추긴다. 이런 말이 먹히는 것은 다분히 신앙의 의미에 대한 일반적 오해 때문이다. 심지어 교회에서 자라난 사람도 신앙의 의미를 잘못 알고 있는 경우가 많다.

우리 문화에서 사람들은 대부분 신앙이라는 개념을 한낱 개인적 취향으로 보고 애써 무시한다. 신앙의 근거로 이성과 논리와 역사적 실체를 기대하지도 않고 요구하지도 않는다. 신앙이란 그냥 받아들이는 것이며, 굳이 합리적 이치를 따질 필요가 없다.

신앙은 그냥 존재한다.

존재한다고 내가 믿기 때문이다.

교회도 대체로 이런 오해를 조장한 공범이다. 좌뇌의 분석으로 기독교 신앙을 떠받친다는 개념은 기껏해야 불필요한 일이거나 최악에는 수상한 일로 간주된다. 교회란 신앙과 지성을 통합하는 곳이라기보다 느끼고 움직이며 행동하고 노래하는 곳이다. 수준 높은 사고와 신학을 너무 많이 끌어들이는 사람은 교회 일보다 신학교 일을 더 많이 하는 것이다. 대놓고 그렇게 말하지는 않더라도 이것이 많은 그리스도인이 품고 있는 생각이다.

그러나 신앙은 맹목적일 필요가 없다. 그리스도를 믿고 성경을 그분의 진리의 말씀으로 받아들이는 일은 자동으로 반(反)지성주의가 아니다. 성경이 우리에게 받아들이도록 명하는 것은 맹목적 신앙이 아니라 합리적 신앙이다. 합리적 신앙이 있는 사람은 솔직하게 어려운 질문을 던진 뒤, 참되고 확실하며 믿을 만한 답을 찾아 나선다.

이제 알겠는가? 확실한가?

설령 당신의 생각이 왔다 갔다 해도 괜찮다. 충분히 이해할 수 있다. 하지만 부디 돌아와 이 요지에 집중하기 바란다. 이것은 대충 넘어갈 수 없는 아주 중요한 문제다.

합리적 신앙이란 좋은 것이며 도달할 수 있다.

사도 바울도 분명히 그렇게 생각했다. 고린도 교인에게 예수님 부활의 신빙성을 논증할 때, 그는 이 핵심 교리를 자신이 말했다는 이유만으로 받아들이라고 하지 않았다. 먼저 그는 기록된 증거 자료를 언급했다. "이는 성경대로 그리스도께서 우리 죄를 위하여 죽으시고 장사 지낸바 되셨다가 성경대로 사흘 만에 다시 살아나사"(고전 15:3-4, 강조체 저자).

이어 바울은 목격자들의 증언으로 자신의 주장을 뒷받침하면서,

예수님이 "게바에게 보이시고 후에 열두 제자에게와 그 후에 오백여 형제에게 일시에 보이셨나니 그중에 지금까지 대다수는 살아 있다"라고 말했다(5-6절).

거기서 그친 게 아니다. 바울은 만일 그리스도의 부활에 대한 자신의 주장이 엉터리라면 "우리가 전파하는 것도 헛것이요 또 너희 믿음도 헛것"이라고 공언했다(14절). 다시 말해서 예수님의 부활이 그분의 말씀대로 사실이라는 증거를 전혀 댈 수 없다면 당신은 정말 그분을 믿을 이유가 없다는 것이다.

이 정도면 신앙을 논하는 탁자의 한 자리를, 입증 가능한 증거에 제대로 내주지 않았는가?

예수님의 삶과 죽음과 부활을 목격한 사람 중 "지금까지 대다수는 살아 있다"는 바울의 말이 그토록 당당한 것도 그래서다. 대면하여 확인하거나 따져 볼 길이 없다면 부활하신 그리스도를 많은 사람이 보았다는 말을 누군들 못하겠는가? 그들의 진술에서 허점을 찾아내려 해도 인터뷰 자체가 아예 불가능하다면 말이다. 그러나 아무나 갈 테면 가서 실존 인물을 만나 보라는 말은 전혀 다르다. 가서 얼마든지 물어보라! 그들도 똑같이 말하지 않는지 보라! 바울은 사람들이 증거를 추적하는 것을 두려워하지 않았다. 오히려 이런 역사적 조사를 권장했다.

성경은 하나님이 우리를 이성적이고 영적인 존재로 지으셨다는 전제하에 기록되었다. 우리는 신앙과 이성을 통합할 수 있는 존엄한 존재로 창조되었다. 기독교 신앙이 진리인 이유는 우리가 정말 이 신앙을 원해서만이 아니라 또한 모든 설명 중에 이 진리가 가장 개연성이 높기 때문이다.

신앙은 그 자체로 합리적이다. 당신이 이 사실을 알기를 그들이 원하든 원하지 않든지 관계없다.

바트 어만 같은 교수와 저자와 강사가 내심 의지하는 전제가 있다. 당신이 그들의 이성적 호소에 고무된다면(그렇게 되기를 우리도 바란다), 바깥세상을 탐험하러 나설 때 신앙을 가져갈 마음이 싹 달아나리라는 것이다. 그들의 말대로라면 신앙은 안전하고 폐쇄된 교회 안에서만 통할 수 있다. 거기서는 자체적 입증으로 족할 뿐 다른 상대가 없기 때문이다. 신앙은 힘이 약해서 그들이 인위적으로 만들어 낸 학문의 울타리 안으로 들어갈 수 없다. 거기는 냉엄한 현실의 전초지라서 신앙이 갈가리 찢길 수밖에 없다. 그들을 따라 날것의 지성적 요소 안으로 들어가려면(학점을 줄 권한이 그들에게 있으니 따라가지 않고 어쩌겠는가?) 당신은 신앙을 안전한 곳에 두고 가야 한다.

기독교를 비판하는 부류 앞에서 우리의 주요 쟁점은 그들이 정통 기독교 신앙에 역사적 비난으로 맞선다는 게 아니다. 그거라면 괜찮다. 문제는 그들의 논지가 최상이거나 가장 그럴듯하거나 가장 합리적이지 못하다는 데 있다. 그런데도 강의실에서 이루어지는 토론에서 그들의 회의적 관점이 거의 전량의 산소를 흡입하도록 방치되고 있다. 심하면 숨이 막힐 정도다.

신앙과 이성은 모두 기독교의 진정한 친구가 될 수 있다. 심지어 실존하는 정당한 난제도 마찬가지다. 신자도 다른 사람들과 똑같은 학문 분야에서 진리를 탐구할 권리가 있다. 이 권리를 수용할 의사가 없는 종교학 교수라면 뭔가 자신의 불안한 내면을 감추고 있는 게 분명하다.

이제부터 시작이다

보수와 진보, 그리스도인과 불가지론자를 막론하고 성경이 진리임을(또는 진리가 아님을) 백 퍼센트 입증할 수 있는 사람은 아무도 없다. 그 일이 가능하다고 말한다면 양쪽 모두에게 무리한 기준을 요구하는 것이다. 2천 년도 더 넘게 뻗어 나간 역사의 길을 추적하는 과정은 너무도 아득하고 복잡해서, 질문마다 속 시원히 답을 밝혀낼 수는 없다. 비단 성경만이 아니라 그만큼 오랜 세월을 이어 온 주제라면 무엇이나 다 마찬가지다. 이런 문제에 대한 모든 논의를 텔레비전 프로그램처럼 황금 시간대에 60분 만에 파헤칠 수 있는 과학수사 연구소는 세상에 없다.

그러나 기독교 신앙의 내용에 일관되게 합치되는 합리적 답은 존재한다.

바트 어만 같은 사람이 회의하는 청중을 상대로 이런 학문적 주제를 능숙하고 설득력 있게 전국적 베스트셀러에 담아낼 수 있다면, 같은 주제를 탄탄한 기독교적 관점에서 똑같이 읽기 쉽게 논술한 책을 당신 같은 사람이 누리지 못할 이유도 없다. 그래서 우리는 이 책을 썼다. 당신이 이 책에서 얻는 것도 그것이기를 바란다.

이미 당신은 영적 삶에서 여러 가지 중요한 일을 하고 있을 것이다. 성경을 읽고, 기도하며, 교회에 참석하고, 사역으로 섬기며, 자신의 마음을 지키고, 순결에 힘쓰며, 은사와 재능과 자원의 청지기로서 매일 최선을 다하고 있을 것이다. 그러나 기독교에 대한 역사적 변호를 이해하는 일도 중요하다. 그리스도를 따르는 삶을 모험에 찬 생활 방식이 되게 하는 다른 모든 일과 마찬가지로, 믿거나 말거나 이것도 당신이 뜨거운 영적 열정으로 힘써 얻을 수 있는 기술이다.

그래서 이 목표를 염두에 두고 우리는 좀 더 까다롭고 자극적인 내용을 다루는 거친 작업에 당신을 초대한다. 당신이 충분히 감당할 수 있음을 알기 때문이다. 다음 난제에 부딪힐 때 당신은 훨씬 더 자신 있게 자신의 견해를 고수할 수 있을 것이다. 난제란 다음과 같은 것이다.

- 기독교는 어쩌다 우연히 만들어진 것인가?
- 성경은 풀리지 않는 모순으로 가득한가?
- 하나님은 우리의 고난을 막아 주실 능력이 없는가?

- 성경에 권위나 신빙성이 있다면 그 근거는 무엇인가?
- 원본이 없는데 성경이 무슨 내용인지 어떻게 아는가?
- 성경 사본은 더 진짜처럼 보이게 위조되었는가?
- 대등한 가치를 지닌 다른 책들은 왜 성경에 포함되지 않았는가?

이런 난제는 강의실 책상 위로 찾아올 수도 있고, 기숙사 방에서 토론을 촉발할 수도 있으며, 아니면 당신 내면에 즐비한 어둑한 회의의 뒷골목에 널려 있을 수도 있다. 당신이 이런 질문에 두려움 없이 답하거나, 적어도 회의적 논리에서 아주 교묘한 허점을 짚어 낼 수 있다면 어떻겠는가?

좋지 않겠는가?

바로 지금이 시작하기 좋은 때다.

토의 질문

1. 그동안 성경과 기독교에 대해 당신이 들었던 회의나 비판은 무엇인가?

2. 맹목적 신앙과 합리적 신앙은 어떻게 다른가?

3. 당신은 합리적 신앙을 어떻게 꾸준히 추구하겠는가?

2장

바트 어만[1]

내가 한때 믿었던 하나님은 세상에서 활동하는 신이었다. 그분은 이스라엘을 노예 생활에서 구원하셨고, 세상을 구원하려고 예수님을 보내셨으며, 기도에 응답하셨고, 자기 백성이 절박한 어려움에 부딪혔을 때 그들을 위해 개입하셨으며, 내 삶에도 적극적으로 관여하셨다. 그러나 나는 더는 그 하나님을 믿을 수 없다. 지금 세상을 돌아보면 그분의 개입이 없기 때문이다.

하나님은 정말 존재하는가?

하나님이 계시다면 왜 더 잘하실 수 없는가?

팀 켈러[2] 하나님이 뭔가를 허용하실 만한 좋은 이유를 당신이 알거나 상상할 수 없다고 해서 그런 이유가 없는 것은 아니다. 이런 골수 회의론의 이면에는 자신의 인지 능력에 대한 엄청난 믿음이 담겨 있다. 당신의 머리로 우주의 심연을 측량하여 고난에 대한 확실한 답을 찾아낼 수 없다면, 답이 없다는 말인가? 이는 지독한 맹신이다.

좋다, 철학적 정직성이라는 작은 게임으로 곧장 뛰어들어 보자.

성경에 대한 기독교적 관점을 뒷받침하는 엄연한 증거가 있지만, 거기로 더 깊이 들어가기 전에 먼저 당신에게 보여 줄 것이 있다. 누구의 말이든 대충 겉만 훑어보고 그냥 넘어가서는 안 되고, 속까지 심사숙고하는 게 중요하다는 사실이다.

당신이 대학에서 종교학이나 성경 역사나 기타 철학적 성격을 띤 주제에 대한 과목을 들을 경우, 아마도 교수는 회의적 시각의 소유자일 것이다. 어쩌면 그것이 당신에게 매력으로 작용할 수도 있고, 오히려 거부감이나 두려움을 줄 수도 있다. 아예 신경 쓰고 싶지 않을 수도 있다. 그러나 교수가 당신의 기독교 신앙을 버리게 하는 일을 목표로 선언하든 아니면 당신의 반응에 개의치 않고 상당히 객관적으로 정보만 전달하든, 당신은 백지상태의 뇌에 무엇이든 액면 그대로 흡수할 수는 없다.

이것은 회계학이나 화학이 아니다. 차변은 늘 차변이고 수산화나트륨은 늘 수산화나트륨인 경우와는 다르다. 이 수업(과 다른 많은 수업)에서 당신에게 필요한 것은 손수레가 아니라 삽이다. 그냥 교수가 주는 대로 짐을 싣고 숙소로 돌아오면 되는 게 아니라 깊이 파서 살펴보고 따져 보고 검토해야 한다.

당신의 강사가 갓 박사학위를 받은 사람이라면 새내기 학생들에게 자신의 고견을 설파하고 싶어 좀이 쑤실 것이다. 종신 교수라면 똑같은 강의 요강을 백만 번째 재탕할지도 모른다. 그 분야에 온 힘을 다하는 진지하고 충실한 학자라면 기꺼이 당신을 만나 커피라도 마시며 더 깊이 토론할 테고, 진정 자신이 훌륭한 차세대 사상가를 길러 내고 있다고 자부할 것이다.

그러나 교수의 입장이 그동안 당신이 삶과 하나님과 성경에 대해 배워 온 진리와 일치하는 경우는 드물 것이다. 그러므로 학생으로서 당신은(아직 배우려는 사람은 누구나 마찬가지다) 교수의 말을 필기만 할 게 아니라 정말 무슨 뜻인지 잘 들어야 한다. 그들의 진술을 차근차근 조목조목 따져서, 결국 텔레비전 뒤쪽에 뱀처럼 꼬여 있는 온갖 전선과 배선의 경우처럼 실제로 벽 속으로 연결된 선을 찾아내야 한다.

지금 그것을 조금 연습하려 한다. 준비되었는가?

바트 어만이 하나님을 믿지 않는 이유 중 하나는 그분이 "사람들의 행동이 마음에 안 들면" 그들을 "진멸하기" 때문이다.[3] 좀 더 개인적으로 그는 이런 말도 했다. "어쩌다 일정한 종교 신조를 받아들이지 않았다는 이유로 무죄한 아이와 인간을 지옥 불에 던지려는 신이라면 나는 이제 그런 신은 없다고 믿는다."[4]

이런 말을 들을 때면 거의 누구나 시인하듯이, 우리도 비슷한 의문에 깊이 잠겨 본 적이 있다. 하나님은 정말 존재하는가? 만일 존재한다면 예수 그리스도를 믿는지 여부를 사람의 영원한 운명을 결정짓는 유일한 기준으로 삼는 게 과연 공정한가? 다른 요인들의 영향도 생각하여 정상 참작해야 하지 않는가? 복음이 흘러넘치는 나라에 사는 사람도 있지만 집안과 문화의 종교적 신념(또는 그것의 부재) 외에 아무것도 접해 본 적이 없다시피 한 사람도 있다. 하나님은 그것도 감안하셔야 하는 것 아닌가? 그분이 무엇을 원하고 기대하시는지 그들이 어떻게 안단 말인가? 그것을 몰랐다 해서 왜 지옥에 가야 하는가?

물론 다 공정한 질문이며 즉답으로 얼렁뚱땅 넘어가서는 안 된다. 그러나 지금은 우리의 취지상 세상의 어만들이 뭐라고 말하는지 좀 더 깊이 들여다보면서 이렇게 자문해 보자. 그 말의 골자는 무엇인가? 하나님의 행위를 오류로 판정하고 일을 처리하는 그분의 방식에 이의를 제기하는 그들의 말은 정말 무슨 뜻인가?

다음과 같다. 하나님, 당신은 선할 수 없다.

당신은 이렇게 해서는 안 된다.

이 정도는 당신도 알아야 한다.

백번 양보해서 당신이 설령 존재한다 해도 정말이지 당신은 일을 제대로 처리하지 못하고 있다.

과연 그럴까? 설령 하나님이 틀렸다 해도 우리가 그것을 어떻게 아는가? 우리가 어떻게 그분의 행동을 잔인하고 부도덕하다고 판정할 수 있는가? 어떤 기준으로 그분 행동의 옳고 그름을 평가할 것인가? 다른 누구의 행동이라도 마찬가지다. 하나님도 없고 말씀도 없고 진리도 없다면, 세차를 해 주거나 기름을 넣어 주는 사람보다 당신 차 앞 유리를 깨부수는 사람이 어째서 더 악한가? 우주 어딘가에 뭔가가 또는 누군가가 존재하여 이런 행동은 선하고 저런 행동은 악하다는 식으로 우리의 실존을 규정해 주지 않는다면, 우리가 무슨 근거로 선악을 정할 수 있겠는가?

성경 중심 세계관이 이 질문에 어떻게 답하는지 우리는 안다. 하지만 그들의 세계관은 어떤가? 그들의 세계관은 이 문제를 어떻게 푸는가? 그들의 말처럼 우리 실존의 배후에 지성적 존재나 창조주가 없다면 우리는 분자 덩어리에 지나지 않는다. 선한 신이든 악한 신이든 신은 없다.

그러니까 그들은 우리더러 이렇게 믿으라는 것이다. 신기하게도 이 살가죽 세포와 핏줄과 뇌수와 뼛조각이(세상의 다른 모든 물질적 요소와 함께) 회동하여 우리의 도덕률을 논의했다고 말이다. 그것들의 결정에 따라 남을 돕는 일은 선하고, 해치는 일은 악하며, 섬기는 일은 훌륭하고, 훔치는 일은 나쁜 것이 되었다. 하지만 우리가 우연히 생겨난 존재에 불과하고 창조주가 책임질 일도 없다면, 착해야 한다는 도덕은 인간 개개인의 본질에 어긋난다. 그 세계관 안에는 인간이 서로 잘 대해야 할 합리적 근거가 전혀 없다. 우리가 끝없이 싸우는 경쟁자며 생존만이 유일한 법칙이라면, 서로 선('선'의 의미가 무엇이든)을 행해야 할 까닭이 무엇인가? 그러려면 조건이 필요하다.

즉 우리가 창조된 본성에 양심이나 도덕적 나침반이 선천적으로 내장되어 있어야 한다. 사랑과 친절과 긍휼이 신성한 선임을 알려 주는 기능이 부여되어 있어야 한다. 인간의 영혼이 하나님께 의존되어 있는 피조물이어야 한다. 그래야 우리가 사람들과 창조주와 관계를 맺기 위해 살아가도록 창조되었다는 사실을 우리 최선의 본능과 감수성으로 깨우칠 수 있다. 우리에게 선의 역량이 있음은 하나님의 선하신 속성을 그대로 닮았기 때문이다.

- 요컨대 하나님이 우리를 잘못 대하고 있다는 주장은 곧 하나님이 틀렸다는 말이다.
- 하나님이 틀렸다는 말은 곧 우리가 옳고 그름을 구별할 줄 안다는 뜻이다.
- 그런 주장은 곧 우리에게 어엿한 양심이 있다는 말이다.
- 그런데 도덕적 양심은 도덕적 창조주에게서 기원한다.
- 그러므로 이것은 모두 오히려 하나님이 존재하며 도덕 기준이 그분께 있음을 증언해 준다.

이렇듯 당신은 신중하게 잘 듣고 생각하기만 하면 된다. 앞서 말했듯이 우리도 다 한 번쯤 이런 문제로 고민하기 때문이다. 예컨대 하나님이 어련히 알아서 하신다면 또는 우리에게 닥칠 결과를 우려하신다면, 그런 하나님이 다스리는 세상이 어떻게 이렇게 엉망일 수 있는가? 이것은 논리적 질문처럼 들린다. 강의 중에 교수가 당신을 호명하며 반박해 보라고 한다면 당신은 반론을 내놓지 못할지도 모른다. 하나님과 이런 현실이 한 우주 안에 공존할 수 있는 이유를 당당히 설명해 보라고 한다면, 당신은 그냥 기권하고 교수의 말을 믿기로 할지도 모른다.

공통 경험에서 나온 언어와 우리 마음의 언어로 회의를 다듬으면, 교묘하게도 회의의 표현이 곧 진리처럼 들릴 수 있기 때문이다. 그래서 말의 깊은 속뜻을 알아내는 게 그토록 중요한 기술이자 연습이다. 그래서 이런 진술에 접근할 때 지성 탐사의 레이더를 가동하면 그만한 보상이 따른다.

우리 신앙은 참으로 이성과 맞물릴 수 있기 때문이다.

딜레마와 긴장과 신비 속에서도 마찬가지다.

예컨대 고난의 신비도 그렇다.

하나님이 우리 삶 속에 고난과 고생을 허용하시는 이유를 우리는 아는가? 아니, 다 알지는 못한다. 그분이 선하고 우리를 사랑해서 아버지처럼 돌보고 목자처럼 보호하신다면, 왜 그 크다는 능력을 다 구사하여 무의미해 보이는 우리의 수많은 비극을 막아 주지 않으시는가? 세상과 우리가 기구한 처지, 끝없는 혼란, 명백한 악행을 당하도록 왜 그분은 굳이 가만히 두시는가?

역시 좋은 질문이다. 하지만 철학 사조가 어느 쪽인가를 떠나서 이에 대한 하나의 깔끔한 최종 정답은 누구에게도 없다. 이생에서는 요원한 일이다. 당연히 이런 논의에는 판단 불능의 요소가 대거 개입된다. 아무리 성경의 유익한 진리와 통찰과 원리를 다 동원해도 마찬가지다. 그러나 하나님이 (우리가 정의한 '선'에 비추어) 선해 보이지 않는다는 이유로 그분이 부재하다고 믿으려면 도덕적 절대 기준이 전제되는데, 하나님이 부재하시면 그런 기준도 아예 있을 수가 없다.

위의 말에 밑줄을 치고 잘 생각해 보라.

고난당하는 현실을 하나님의 선이나 그분의 존재를 반박하는 구실로 삼을 때, 왜 그것이 자기모순이나 자가당착이 되는지 잘 보라. 그런 진술은 자기가 논박하는 내용을 동시에 변호한다. 고통과 기아와 죽음과 질병이 없어야 하는 이유를 온종일 성토하는 일이야 누구나 할 수 있다. 거기까지는 좋다. 하지만 누구도 거기서 하나님이 존재할 수 없다는 결론으로 정당하게 비약할 수는 없다. 그것은 순환 논리*일 뿐이다.

---

*   증명을 필요로 하는 결론을 슬며시 전제로 사용하는 논법. 즉 A라고 하는 사항을 증명하기 위해 그 전제가 되는 B라는 사항이, A를 전제로 하지 않으면 증명될 수 없는 경우이다. 다음과 같은 경우가 순환 논리의 오류다. "그 사람은 나쁜 사람이니 사형을 당해야 해. 사형을 당하는 걸 보면 그는 나쁜 사람이야." (출처: 네이버 지식백과)

당신이 어떻게 아는가?

전체 상황을 '하나님의 눈으로' 보는 사람만이 하나님의 세상에 고난과 악이 존재해서는 안 되므로 하나님이 존재할 수 없다는 결론을 합리적으로 도출할 수 있다. 이런 진술은 그들이 하나님처럼 전지全知한데도 문제의 답을 충분히 찾아낼 수 없을 때만 성립된다.

저명한 철학자인 앨빈 플란팅가Alvin Plantinga가 처음 제시한 예화를 작가이자 목사인 팀 켈러Tim Keller가 다음과 같이 잘 다듬었다.

> 개를 찾으려고 작은 텐트 안을 들여다보았는데 개가 보이지 않는다면, 텐트 안에 개가 없다는 단정은 합리적이다. 그러나 빈대(굉장히 작지만 물린 자리는 아주 크게 남는 곤충)를 찾으려고 작은 텐트 안을 들여다보았는데 빈대가 보이지 않는다고 해서 텐트 안에 빈대가 없다는 단정은 합리적이지 못하다. 어차피 빈대는 아무에게도 보이지 않기 때문이다. 많은 사람이 단정하기를 악이 존재해야 할 타당한 이유가 있다면, 빈대의 경우보다는 개의 경우처럼 우리 두뇌로 그 이유를 알 수 있어야 한다고 말한다. 하지만 왜 그래야 하는가?[5]

맞다. 왜 그래야 하는가?

(여담이지만 어떤 진술이 합리적이고 설득력 있게 들리는데도 여전히 앞뒤가

맞지 않아 보일 때는 대개 '왜?'가 좋은 질문이다. 당신은 이런 의문을 품어야 할지도 모른다. '왜 말이 되지 않지?')

아무리 하나님의 생각을 다 알고 싶어도 그분과 우리 사이에 존재하는 괴리는 어쩔 수 없다. 이부자리도 잘 정돈하지 못하는 우리가 어찌 나뭇잎이나 판다나 초신성超新星*을 만들 수 있겠는가? 우리는 하나님의 생각을 감당할 수 없으며, 그분이 알려 주시는 것에도 다 반응할 수 없다. 설령 그럴 수 있다 해도 하나님이 아시는 것만큼 우리도 다 안다는 자체가 현실적으로 불가능하다. 둥지에서 떨어진 새에 당신이 잠시 고통과 불편을 주는 이유가 오직 새를 다시 안전한 둥지에 넣어 주기 위해서임을 정작 그 새는 알 수 없는 것과 같다. 유한한 인간이 무한하신 하나님을 다 알 수는 없다. 성경은 우리에게 그 사실을 받아들이라고 합리적으로 말한다. 우리가 그분을 다 알 수 있다면 그분은 무엇이 아니기 때문인가? 하나님이 아니기 때문이다.

그러므로 결국 어느 정도 신비가 우리에게 남는다. 우리는 신비를 별로 좋아하지 않는다. 하지만 태생적으로 이해력에 한계가 있는 우리는 현실을 보더라도 내 눈에 보이는 대로만 알 수 있을 뿐, 하나님의 관점에서 실체가 어떤지는 확실히 장담할 수 없다. 하나님만 한 저울에 우리 생각을 달면 무게가 영에 가깝다. 하나님이

---

* 보통 신성보다 1만 배 이상 빛을 내는 신성. 질량이 큰 별이 진화하는 마지막 단계로, 급격한 폭발로 엄청나게 밝아진 뒤 점차 사라진다.

삶의 일부로 고난을 허용하시는 모든 이유를 우리로서는 전혀 알 길이 없다. 아무도 알 수 없다. 그 점만은 누구나 아는 사실이다!

감사하게도 그분은 그 이유를 일부나마 우리에게 계시해 주셨다(그러실 의무가 없는데도 말이다). 그 내용이 유익하고 교훈적이지만 그래도 우리의 지식은 여전히 부족하다. 워낙 부족해서 사실 우리를 잘못 대하신다고 하나님을 책잡는 것은 분수에 어긋난 일이다. 그뿐 아니라 우리는 하나님의 자비와 억제가 아니면 고난이 얼마나 더 심할지조차 알지 못한다. 그분이 이미 막아 주신 환난과 비극이 어느 정도인지 안다면 어찌할 것인가? 그래도 우리는 그분을 잔인하다고 생각할 것인가? 또 누가 아는가? 만일 그분이 무엇이든 우리가 원하는 대로 아무런 고난이나 역경 없이 다 주신다면, 우리가 그것을 오히려 훨씬 덜 좋아할지 말이다. 경험으로 충분히 입증되듯이 근심 걱정이 없는 생활은 행복의 비결이 아니다.

어만 자신도 인정하듯이 고난당하는 현실은 우리가 다 알 수 없는 개념이다. "결국 답은 신비라고 말할 수밖에 없다."[6] 그래 놓고도 그는 자신이 이해하고 납득할 수 없다면 만족스러운 신학적 설명이 있을 수 없다고 우긴다.

하지만 그 말이 맞으려면 그도 하나님처럼 전지해야만 한다.

그것이야말로 우리 중 누구도 질 수 없는 짐이다.

고난의 복합적 성격

그런데 바트 어만은 미약한 인간에게 한계가 있음에도 그 짐을 지려 했다. 성경에 명시된 고난의 이유를 낱낱이 열거하고자 성경의 다양한 장르와 책을 두루 섭렵한 것이다. 그는 이렇게 생각했다. '연장통을 전부 뒤져 보면 하나님이 왜 이때는 특정한 벼락을 내리고 다른 때는 그러지 않았는지 더 잘 이해할 수 있을지도 모른다.' 결국 그는 대략 다섯 가지 가능성에 도달했다[다음은 그의 책 『하나님의 문제』(God's Problem)에서 그 부분을 정리한 것이다].

1. 고난은 죄에 대한 형벌로 하나님에게서 온다.
   그는 이를 '고전적 관점'이라 칭했다. 매를 맞는 것과 같다.

2. 고난은 인간이 인간에게 저지른 죄의 결과다.
   하나님은 우리에게 자유 의지, 즉 독립적으로 결정할 능력을 주셨다. 이 자유에서 때로 자신이나 타인을 해치는 행동이 나올 수 있다.

3. 고난은 구원을 낳는다.
   하나님은 고난 없이는 불가능했을 주관적 또는 객관적 유익을 고난을 통해 이루신다. 어만이 소개한 개인 사례를 보면, 그는 청소년기에 몸이 아파 한 시즌 동안 운동을 할 수 없었는데 결국 그것이 그의 삶에 구원을 가져왔다. 그 한가한 시기에 간접적으로 장차 학문의 세계에 들어설 기초가 놓였기 때문이다. 이를테면 그런 것이다.

4. 고난은 신앙을 시험하기 위해 온다.

어떤 상황에서도 하나님을 믿고 섬길 사람이 누구인지 그분은 고난을 통해 드러내신다.

5. 고난은 신비다.

나머지는 다 여기에 해당한다. 우리가 고난당하는 이유를 하나님이 매번 정확히 알려 주시는 것은 아니다. 그분은 우리가 그분을 신뢰하기를 바라신다. 나는 몰라도 그분이 아신다는 사실로 만족하기를 원하신다.

이 목록의 문제는 목록 자체가 아니다(사실 이것은 꽤 훌륭하다). 문제는 가능한 답을 이렇게 깔끔히 정리하여 번호를 매겨도, 하나님이 우리 삶에 고난을 주거나 허용하시는 거시적 목적을 확실히 알기는커녕 그 근처에도 못 간다는 사실이다. 이 목록이 각 고난에 대해 하나님이 두시는 이유를 하나로만 제한한다는 점은 말할 것도 없다. 사실은 여러 복합적 이유일 수도 있다. 하나님은 어떤 목록에도 속박되지 않으시며, 모든 사람이나 문제를 똑같이 취급하셔야 할 의무도 없다. 가상 시나리오에 대한 하나님의 순서도를 파헤쳐서 그분이 왜 그러시는지 알아낼 수는 없다.

이렇게 생각해 보라. 농구 코치는 어떤 이유로든 시합 중 아무 때나 타임아웃을 부를 수 있다. 예컨대 적의 방어에 허점이 보여 급히 작전을 바꾸는 게 유리한 경우도 있다. 파죽지세의 흐름을 차단하거나 상대팀 선수의 독주에 제동을 걸어야 할 때도 있다. 자유투를 던질 선수에게 숨 돌릴 여유를 줄 수도 있다. 전반이나 게임 종료를 앞두고 일단 시간을 벌어야 할 때도 있다. 그런가 하면 애매한 심판 판정 장면을 즉시 재생하여 확인할 수도 있다.

간단하게 이것만도 벌써 여섯 가지 이유다. 이 모두를 결정하는 것은 일률적 수학 공식이 아니라 시합의 흐름, 상대팀의 상태, 숫까지 남은 시간, 잔여 경기 시간 등이다. 그 밖에도 많은 요인에 따라 코치가 시합 중단을 요청하는 목적이 달라진다. 아울러 선수들을 훤히 꿰고 있는 코치만의 특유한 지식도 이 모두에 영향을 미친다. 선수별로 장점이 무엇이고, 어떤 때 그들이 최고의 기량을 발휘하며, 어떻게 해야 승산이 가장 높아지는지 코치는 알고 있다.

하나님의 결정이라고 조금이라도 달라야 할 이유가 있는가?

그분이 당신 삶에 고난을 허용하실 때 당신 부모에게 하신 것과 똑같이 하셔야 할 의무가 있는가? 당신 삶에서도 매번 이전과 똑같이 하셔야 하는가? 고통을 주는 일련의 특정한 상황은 사람에 따라 다를 수 있다. 고통은 어김없이 다시 도질 수도 있고 난데없이 허를 찌를 수도 있다. 장기간일 수도 있고 단기간일 수도 있다. 확연할 수도 있고 모호할 수도 있다. 하지만 그중(또한 그 이상의) 어떤 목적도 전지하신 하나님의 지혜와 지식의 눈길 아래 존재할 수 없다고 말할 근거는 없다. 여전히 그 목적은 그분의 선하심과 조화를 이룬다. 물론 이 '선'은 우리가 정의하는 게 아니라 하나님이신 그분이 정의하신다.

어떤 사람은 성경을 들먹이며 하나님을 궁지에 몰아넣으려 한다. 그분을 확대경 밑에 놓인 벌레처럼 분석하고, 그분의 발언과 과거 행적이 서로 모순되는 것처럼 대치시킨다. 그러나 성경을 쓴 여러 저자와 기록자는 고난이라는 주제를 다룰 때, 늘 이러이러하게 고난을 해석해야 한다고 일괄하여 말하지 않았다. 성경을 하나의 전체 문서로 읽어 보라. 세상과 우리 삶 속에서 하나님이 동시에 여러 일을 하셨음을 볼 수 있다. 고통과 역경도 마찬가지다.

가장 확실한 예로, 욥기는 인생의 고통스러운 상황을 무조건 인과응보로 보는 개념을 총 42장에 걸쳐 고전적으로 논박한 책이다. 사람들은 '내가 무엇을 어쨌다고 이런 일을 당해야 하는가?'라고 생각하는 경향이 있다. 그러나 성경에 보면 욥은 "온전하고 정직하여 하나님을 경외하며 악에서 떠난 자"(욥 1:1)였는데도 "고통이 심했다"(욥 2:13). 배후에 다른 이유가 있음이 분명하다.

신약에서 예수님도 똑같이 잘못된 제자들의 선입견을 명확히 고쳐 주셨다. 그들은 길가에 있는 맹인을 보고 그 사람의 딱한 처지가 누구의 죄 때문인지 여쭈었다. 그러나 예수님은 "이 사람이나 그 부모의 죄로 인한 것이 아니라 그에게서 하나님이 하시는 일을 나타내고자 하심이라"(요 9:3)고 대답하셨다.

그러나 때에 따라 그분은 인간이 반항하고 불순종한 직접적 결과도 고난의 한 이유라고 긍정하셨다. 예컨대 걷지 못하던 사람을 치유해 주신 후에 그분은 "더 심한 것이 생기지 않게 다시는 죄를 범하지 말라"(요 5:14)고 명하셨다. 하지만 로마 당국이 유대인들을 죽이고 있다는 보고를 받으셨을 때는 이렇게 반문하셨다. "너희는 이 갈릴리 사람들이 이같이 해 받으므로 다른 모든 갈릴리 사람보다 죄가 더 있는 줄 아느냐"(눅 13:2). 그렇지 않다는 것이다.

예수님은 모순된 말씀을 하신 게 아니라 하나님께 그분만의 이유가 있다고 말씀하신 것뿐이다. 하나님의 이유는 많아서 늘 똑같지 않으며, 하나님은 그것을 친히 지혜롭게 적용하신다. 그렇다고 그분이 우유부단하거나 일관성이 없거나 불공정하거나 무지하신 것은 아니다(부재하신 것은 더더욱 아니다!). 그분은 우리 모두를 개인적으로 독특하게 대하신다. 우리를 다 아시기 때문이다. 그분은 모든 것을 아신다.

하지만 솔직해지자. 고난의 이유에 대한 대다수 사람의 문제는 그 이유를 도저히 이해할 수 없기 때문이거나 그 이유가 성경과 모순되어 보이기 때문이 아니다. 문제는 그런 이유가 그들의 마음에 들지 않는다는 것이다. 그러나 성경의 진리성을 시험하는 궁극적 기준이 단지 성경 내용이 누군가의 마음에 드는지 여부여서는 안 된다. 사람들은 자신이 원하는 답이 현실에 존재하지 않음을 이미 알면서도 그 답 외에는 받아들일 마음이 없다. 그렇다면 이는 더는 탐구와 수용의 열린 마음으로 정말 진리를 찾으려는 게 아니다. 오히려 회의론자로서 의심만 굳히는 것이다.

자신의 최종 입장을 이미 정해 놓은 회의론자는 말로는 진정한 비판과 분별을 내세우지만 사실은 그렇지 못하다.

삶과 신비가 만나는 곳

사람들은 하나님을 자신이 미리 인정한 상자 안에 가두려 한다. 그들에게 하나님과 삶은 예측 가능해야 한다. 수학 문제처럼 꺼내서 꼼꼼히 따져 본 뒤 다시 완전히 봉할 수 있어야 한다. 그들은 알 수 없는 신비를 품고 살 마음이 없다. "결국 신비라는 말로 문제를 푼다면 이것은 더는 답이 아니라 답이 없다는 시인일 뿐이다."[7] 어만의 말이다.

과연 그럴까?

어만은 불가지론자다. 신의 존재 여부를 심히 의심하거나, 적어도 확언하지 못한다는 뜻이다. 그런데 그런 사람이 그리스도인에게는 하나님의 방식을 신비로 해석할 똑같은 재량을 허용하지 않으니 얼마나 어이가 없는가. 당신의 교수도 똑같은 불가지론적 관점을 취할 수 있다. 악에 대한 성경의 설명이 불충분하다고 주장할 때, 그는 그것을 대담한 일격이자 우월한 지성적 진술로 간주한다. 불신의 녹아웃 펀치다. 하지만 하나님이 하시는 일이나 그분이 여러 고난의 신비를 통해 허용하시는 일을 인간이 늘 알 수는 없다고 우리 쪽에서 말하면, 그것을 책임 회피로 매도한다.

그들은 모른다고 말할 수 있지만 우리는 그렇게 말할 수 없다.

사실 어떤 관점이나 세계관을 취하든 관계없이 고난과 악은 반드시 신비스러운 요소를 남긴다. 실상이 그러한지라 우리는 답이 없는 의문과 더불어 살아갈 수밖에 없다. 그것이 파티의 불청객일지라도 말이다. 아무리 우리가 싫어하거나 불편해해도 그 미지의 세계는 버젓이 우리 파티에 들어와 다과를 집어 간다.

회의론자들이 하는 말로는, 하나님은 우리에게 여태까지 주신 것보다 더 나은 답을 내놓으셔야 한다. 우리에게 이 문제를 더 감당하고 이해하기 쉽게 해 주셔야 한다. 그분이 정말로 존재하신다면 우리에게 현실에 대해 지금보다 더 만족스러운 이유를 밝히실 의무가 있다.

그분 자신을 설명하라는 것이다!

하지만 이에 대한 우리의 반론은 이것이다. 하나님은 그리스도의 성육신을 통해 이미 자신을 설명하셨다. 그분이 아들을 보내 고난당하게 하신 일이야말로 고난에 대한 가장 대담한 진술이다.

설령 특정한 의문이 그리스도의 강림으로 일일이 다 풀리지는 않는다 할지라도, 성경은 예수님이 우리 세상에 들어오셔서 사람들과 함께 고난당하시되 "죽기까지 복종하셨으니 곧 십자가에 죽으심이라"(빌 2:8)고 분명히 말한다. "우리에게 있는 대제사장은 우리의 연약함을 동정하지 못하실 이가 아니요 모든 일에 우리와 똑같이 시험을 받으신 이"시다(히 4:15). 즉 그분은 "멸시를 받아 사람들에게 버림받았으며 간고를 많이 겪으셨다"(사 53:3).

하나님은 섭리와 신비로운 사랑 가운데 굳이 매번 설명하지 않으실 수도 있다. 하지만 그분이 늘 기꺼이 돌보시는 것만은 분명하다. 매번 완벽한 답으로 채워 주지 않으실지는 몰라도, 그분이 누누이 약속하고 입증하신 사실이 있다. 즉 그분은 자신의 사람들을 충만한 기쁨으로 채워 주실 수 있다. 심지어 감당할 수 없거나 억울함과 고통으로 얼룩진 고난의 한복판에서도 말이다.

앨빈 플란팅가의 말을 들어 보자.

자칫 하나님을 냉담하고 동떨어진 존재로 보기 쉽다. 그런 신은 모든 악을 허용하되 자신은 영향 받지 않으며, 이를 통해 이루려는 목표는 고상하지만 우리와는 거의 무관하고, 우리의 슬픔을 달래 줄 힘도 거의 없다. 또 자칫 그분을 냉정하고 무심한 존재로 보기 쉽다. 설령 사랑의 존재로 본다 해도 그 사랑은 우리가 생각하는 행복과는 거리가 멀어 보인다. 하지만 그리스도인이 보는 하나님은 냉담하지도 않고 동떨어진 분도 아니다. 그분의 목표와 목적은 우리의 이해를 벗어나며, 때로 그것 때문에 고난이 올 수 있다. 하지만 그 목표를 이루시기 위해 그분 자신이 훨씬 큰 고난을 기꺼이 감수하셨다.[8]

결국 알리스터 맥그래스Alister McGrath의 말대로 "풀리지 않는 의문을 기꺼이 품고 살려는 자세는 논리적 모순의 문제가 아니라 지적 성숙의 표지다."[9] 성육신으로 악의 이론적 문제를 인간이 바라는 만큼 다 설명할 수 없을지는 몰라도, 성육신은 악의 실존적 문제(우리 인간의 실제 경험)에 대한 하나님의 강력하고도 인격적인 응답이다.

하나님이 천국을 버리면서까지 인간의 필요를 충족해 주셨는데도 거기에 만족할 수 없는 사람이라면, 아무리 죽은 사람이 살아 돌아와 증거를 댄다 해도 절대 만족하지 못할 것이다.

문제의 뿌리

고난과 관련하여 대부분 사람이 하나님에 대해 품는 회의는 두 가지 근본 원인에서 비롯한다. 1) 창조 세계에 대한 하나님의 권리를 인정하지 않는다. 2) 창조주에게 인간이 반항하는 정도를 경시한다.

분명히 우리는 모두 창조주의 주권과 인간의 반항이라는 두 진리를 본능적으로 극구 부인한다. 우선 우리는 상사를 모시거나 하나님께 책임질 마음이 없다. 또 스스로 나쁘고 악하며 못된 죄인으로 자처할 마음도 없다. 하지만 고난의 영역에서 하나님의 '문제'를 객관적으로 다루려는 사람은 자신의 기분과 욕심만으로 접근해서는 안 된다. 반대 소신을 기꺼이 잠시 내려놓고 평평한 운동장에서 성경을 대해야 한다.

사실 어느 분야를 막론하고 이론적 토론에는 기본 원칙이 있다. 예컨대 어떤 사람이 당신에게 진화의 정당성을 주장한다고 하자. 이때 당신이 말끝마다 '성경은 그렇게 말하지 않는다'라고 반응하면, 의견을 개진하는 데 한계가 있을 것이다. 필시 상대는 성경이 뭐라고 말하는지 전혀 관심이 없을 것이다. 그에게 성경이란 이 문제에 대해 말할 수 있는 권위가 거의 혹은 전혀 없다. 그런데도 당신이 자꾸 성경만 내세운다면 상대를 설득하기는커녕 상대의 말을 제대로 들을 수도 없다.

그래서는 안 된다. 자연주의적 진화론을 굳게 믿는 상대의 논리를 이해하려면, 하나님을 믿는 당신의 믿음을 가상으로 잠시 접어 두고 상대의 세계관을 당신의 기준이 아닌 상대의 기준으로 대해야 한다. 일단 상대의 운동장에서 상대의 규정대로 경기해야 한다. 상대의 구역 내에서 상대의 주제를 다루어 그 모순을 밝혀내야 한다. 그러려면 당신의 전제 조건이 아니라 상대의 가정(假定)에서 출발해야 한다.

대부분 회의론자는 바로 이 부분에서 논리가 부실하다. 예컨대 그들은 고난에 대한 성경의 관점을 무조건 비난하려고만 할 뿐, 우리 결론이 부당하고 우리 사고가 모순인 이유를 성경에 기초하여 제시하지 못한다. 그들의 말은 사실상 '나는 그렇게 믿지 않는다'가 전부다. 물론 자신의 견해에 혼자 흡족해하고 말 거라면 그것도 괜찮다. 하지만 우리의 생각을 조금이라도 바꿀 의향이 있다면, 그들은 성경의 기본 전제에서 허점을 찾아내 그것이 틀렸거나 믿을 만하지 못한 이유를 밝혀야 한다. 그렇지 않으면 안전거리를 두고 연막탄만 터뜨리는 꼴이다.

그렇다면 이번 단락의 두 요점에 그것이 어떻게 적용되는지 한번 살펴보자.

● **뿌리 1** **하나님은 벌하거나 심판하실 권리가 없다**

하나님의 주권은 기독교의 모든 가르침 중 가장 반감을 사는 교리에 속한다. 우리는 그 이유를 안다. 왜 지옥이 설교 주제로 인기가 없는지도 안다. 하지만 성경의 명백한 주장처럼 하나님이 과연 하나님이실진대, 굳이 누구의 허락 없이도 그분은 무엇이든 마음대로 하실 수 있다. 우리는 그게 싫을 수 있다. 하지만 누구든지 성경의 진리(예컨대 하나님이 하나님이시며 따라서 영혼을 지옥으로 추방하실 권리가 있다는 진리)에 이의를 제기하려면, 그저 멀찍이 서서 그 진리를 지독하게 경멸하는 것만으로 부족하다. 그 사람은 하나님의 행동이 자신과 우리의 승인을 받아야만 하는 이유를 성경의 가르침에 근거하여 제시해야 한다.

팀 켈러는 어느 여성과 나누었던 대화를 소개했는데, 그녀는 하나님께 심판의 권한이 있다는 개념에 분개하는 사람이었다. 그는 그녀에게 하나님의 용서와 자비에도 똑같이 반감이 드느냐고 물었다. 물론 아니었다. 하지만 세상 다른 지역에는 정확히 그렇게 느끼는 사람이 있다. 켈러의 설명에 따르면 우리 같은 세속 서구인은 기독교에서 말하는 지옥의 교리에는 거의 본능적으로 거부감이 들지만, 용서하고 다른 뺨을 돌려 대라는 성경 가르침에는 대체로 호감을 품는다. 그러나 전통 사회에서는 성경에 나오는 자비 개념보다 심판의 개념을 더 어려움 없이 받아들이는 경향이 있다. 그들은 빚을 탕감해 준다는 개념 자체가 얼토당토않은 일이라며 질색한다. 그런데 우리는 지옥 불에서 영원히 이를 간다는 말을 들을 때 똑같은 기분이 들 수 있다. 그들은 하나님의 용서가 '거슬리는' 반면, 우리는 그분의 심판과 공의에 당연히 더 반감을 느끼도록 조건화되어 있다. 켈러는 결론적으로 그 여성에게 이렇게 말했다. "기독교의 정당성 여부를 판가름할 때 왜 문화적 정서가 최고 법정이 되어야 합니까?"[10]

당신은 그런 식으로 생각해 본 적이 있는가? 하나님의 속성과 성품을 받아들일지를 두고, 왜 21세기 미국 여론조사 결과가 최종 기준이 되어야 하는가? 그분이 감히 어떻게 우리에게 먼저 묻지 않을 수 있느냐 그 말인가? 하지만 하나님이 하나님이라면(그것이 곧 성경의 입장이다), 그분이 스스로 행동을 선택하는 게 무슨 잘못인가?

● 뿌리2   죄와 타락에 대한 성경 교리

인간 실존에 대한 이 하나의 실상과 그 여파를 과소평가하는 사람은 절대 성경의 '문제' 영역을 제대로 다 파헤칠 수 없다.

일반적 의미에서 모든 고난은 인간이 하나님께 반항한 데서 기원했다. 그분이 창조하신 낙원, 즉 첫 남녀를 두신 에덴동산에는 어떤 고난도 없었다. 그런데 그들이 죄를 지은 뒤로 하나님의 완벽한 창조 질서가 일그러져 최악으로 치달았다. 이후의 모든 세대와 여태껏 살았던 모든 사람(우리!)도 그 반항에 가담했다. 우리는 자유롭고 편안한 삶을 누릴 자격이 없다(받아들이기 어려운 말이지만 성경의 세계관과 일치한다). 우리 세상이 하나님께 적대적이고 냉담한데, 그 속에서 우리가 개인적 죄와 우주적 죄의 고통스러운 결과 때문에 떨지 않아야 할 이유가 무엇인가?

사람은 대부분 악에 대한 이해를 사람이 다른 사람을 해치는 수평적 차원으로 제한한다. 그러나 성경에 확언되어 있듯이 대인관계의 악과 고난도 본질상 하나님과 그분의 권위와 원리와 통치에 맞선 수직적 반항이다. 다윗 왕은 간음과 살인을 범한 뒤 걷잡을 수 없는 수치 속에서 하나님께 "내가 주께만 범죄하여 주의 목전에 악을 행하였사오니"(시 51:4)라고 고백했다. 성경의 깊은 진리를 뼈아프게 경험한 것이다. 사람을 상대로 거짓말하고 훔치며 학대하고 구박할 때 우리는 사람에게만 해를 가하는 게 아니라 결국 거룩하고 의로우신 하나님께 죄를 짓는 것이다.

성경은 "모든 사람이 죄를 범하였으매 하나님의 영광에 이르지 못하더니"(롬 3:23)라고 말한다. 즉 우리는 하나님께 저항하는 본성을 안고 태어났다. 지난 24시간만 돌아보아도 이 주제에 대한 성경의 견해가 생생히 사실로 확인된다. 우리의 삶, 당신의 삶만 보면 된다. 우리는 하나님께 순종하기는 힘든데 죄를 짓기는 식은 죽 먹기로 쉽다. 본성이 하나님을 무시하고 그분 위에 올라서서 무엇이든 내 마음대로 하게 되어 있다. 그러면서도 한시도 깨닫지 못하는 사실이 있다. 그분께 죄짓는 데 쓰이는 심신의 기능마저도 그분께 받았기 때문에 존재한다는 것이다. 우리는 그분이 주신 사고력, 근력, 저절로 박동하며 혈액을 공급하는 심장으로 그분께 대든다.

이렇듯 가장 기본이 되는 성경 관점(죄와 타락의 교리)에서 보면, 진정한 신비는 우리가 고난당한다는 사실이 아니다. 신비는 우리에게 죄가 있음에도 그분이 우리에게 미소와 웃음과 풀밭 산책 같은 단순한 즐거움, 오후에 운동할 수 있는 기력, 가족과 친구의 사랑 등 단 하나의 복이라도 누리게 하신다는 사실이다. 이런 시각에서 어쩌면 우리는 오히려 '선의 문제'로 고민해야 할지도 모른다. 누구 한 사람이라도 일상에서 풍성한 자비와 공급을 당연한 듯 누려야 하는 이유는 무엇인가?

그것은 하나님의 은혜, 즉 일반 은혜일 수밖에 없다.

'고난과 악의 문제'로 하나님께 이의를 제기하려는 사람은 그런 선입견이 어디서 왔는지 우리에게 설명해야 한다. 그들의 관점대로 만일 하나님이 우리에게 선과 복을 베푸실 의무가 있으며, 각종 고난은 그분이(그나마 존재하기라도 할 경우) 우리의 분명한 권리를 외면한다는 증거라면, 그들은 우리가 믿는 인간의 죄성에 비추어 그것이 논리적으로 어떻게 성립되는지 설명해야 한다.

우리에게 악과 고난을 당하게 하신다는 이유로 하나님을 부도덕한 존재로 단정하려는 사람이 많이 있다. 하지만 기억해야 할 중요한 점이 있다. 그들이 제대로 설명하는 부분은 자신이 그렇게 느끼는 이유일 뿐이지 그런 단정이 옳은 이유는 아니다. 그들은 자체적 논증을 동원하여 성경의 정체를 폭로하려 하며, 인간의 공통된 의심과 경험 때문에 우리도 자기네 주장을 받아들이기를 바란다. 하지만 아무리 성경을 오해하고 왜곡하며 오판해도 성경에는 모순이 없다. 그리고 하나님은 아무런 잘못이 없다.

왜 선한 사람에게 나쁜 일이 벌어지는가? 성경의 답은 '그런 일은 없다'는 것이다. 물론 사람마다 선의 차이는 조금씩 있겠지만(예컨대 히틀러와 테레사 수녀의 차이), 성경의 가르침대로 우리는 모두 각자의 방식대로 하나님을 모욕했고, 하늘을 향해 반항의 주먹을 내둘렀으며, 뭐든지 내 뜻대로 하려는 아집에 빠졌다. 그러므로 고난이 우리에게 부당하다고 말할 수 없으며 오히려 그보다 훨씬 심한 상태가 우리에게 정당하다.

향수에 젖은 회의론자들

여기서 우리는 이번 장의 서두에 제시했던 요점으로 다시 돌아간다. 하나님이 존재하지 않는다면 누구에게도 그분이 틀렸다는 도덕적 판단을 내릴 근거가 없다. 물론 그들은 기타 모든 사안에서 우리를 논박하며 이의를 제기할 수 있다. 그러나 어느 분야를 막론하고 윤리적 토론에 임할 때는 항상 그 대화의 성격 자체가 입증해 주는 사실이 있다. 우리가 지금 하나님의 존전에 있다는 것이다. 이는 단순히 이성의 불가피한 결과다. 하나님이 없이는 옳고 그름의 사전적 정의도 없다.

하나님은 존재하신다. 재론의 여지가 없다.

그러므로 그 누가 당신을 '사고하는 지성인은 신의 부재를 받아들여야 한다'는 식으로 속이려 해도 거기에 넘어가서는 안 된다.

그러나 당신이 다른 사람들에게 무조건 전심으로 동의할 수 있는 것이 하나 있다. 우리 내면과 주변 세상에서 보고 느끼는 냉엄하고 쓰라린 현실은 삶의 원래 모습이 아니다. 뭔가가 지독히 잘못된 게 분명하다. 절대 하나님의 문제는 아니지만 문제가 있는 것만은 확실하다.

사람들이 하나님과 그분의 선하심을 거부하면서 느끼는 감정은 어쩌면 타고난 좌절이나 불만이라기보다 그분이 속에 새겨 놓으신 은밀한 그리움인지도 모른다. 그분은 창조한 모든 사람의 몸과 영혼 안에 자신의 형상을 심어 주셨다. 어쩌면 알리스터 맥그래스의 말대로 이 딜레마는 "머리의 문제가 아니라 가슴의 문제"인지도 모른다. "고난과 악이 옳지 못하다는 이 뿌리 깊은 직관은 어디서 왔는가?…이 직관이 뭔가 더 깊은 것을 가리켜 보인다면 어찌할 것인가? 우리 안에 심긴 그것이 우리의 참된 본성과 정체를 비추어 주는 것은 아닐까? 고난과 악에 대한 이 반감이 한편으로 낙원을 상기하고 또 한편으로 새 예루살렘을 고대하게 한다면 어찌할 것인가?"[11]

어쩌면 그것은 하나님을 향한 인간 심령의 간절한 부르짖음인지도 모른다.

사람들은 우리 인간이 충분히 노력하기만 하면 빈곤과 에이즈가 없어지고, 우호와 협력이 가득한 세상을 창조할 수 있다고 생각한다. 그러나 그런 세상을 창조할 능력은 하나님께만 있으며, 실제로 그분이 이미 창조해 두셨다. 애초에 인간은 교만과 정욕으로 하나님의 권위를 거부하여 삶 속에 온갖 고난을 불러들였지만, 그런데도 하나님은 그런 세상을 지으셨다.

성경에 묘사된 미래는 다음과 같다. "우리가 아직 죄인 되었을 때에"(롬 5:8) 자원하여 우리를 위하여 죽으신 예수 그리스도께서 자신의 사람들을 위하여 "거처를 예비하러"(요 14:2) 가셨다. 그 "새 하늘과 새 땅"에서 그분이 "모든 눈물을…닦아 주시니 다시는 사망이 없고 애통하는 것이나 곡하는 것이나 아픈 것"이 우리 곁에 얼씬거리지 못한다. 이전에 경험한 고난과 악으로 대변되는 "처음 것들이다 지나갔음"이다(계 21:1, 4). 영원한 낙원은 모든 사람이 구하고 바라는 곳인 만큼, 우리의 망가진 현 상태에 회의론자마저 느끼는 이 감정은 어쩌면 우리 모두에게 간접적으로 그날을 가리켜 보이는지도 모른다. 그날 하나님은 만물을 새롭게 하실 것이다.

물론 지금 세상을 최대한 평화롭고 생산적이며 온정에 찬 곳으로 만들려는 마음이 우리에게 있다. 그러나 우리가 아무리 용을 써도 세상은 아집에 찬 죄인들의 처소며 그 이상이 될 수는 없다. 죄인들의 개인적 선택과 대물림되는 선택은 수고와 고생 외에 어떤 대안도 남기지 않는다.

어떤 사람은 하나님이 존재한다면 세상에 존재하는 악이 우리 책임이 아니라 그분의 책임이라고 반박할지도 모른다. 손에 피가 묻은 쪽은 그분이라는 것이다. 그러나 성경에 따르면 하나님 손에 묻은 피는 그리스도가 흘리신 속죄의 피뿐이다. 그 피가 신자의 죄를 용서하고, 우리의 모든 병을 고치며, 마땅히 가야 할 지옥에서 우리를 구속하고, 영원히 우리를 그분의 선하심으로 만족하게 한다(참고 시 103:3-5).

한쪽에서는 모든 고난을 하나님 탓으로 돌리지만, 정작 꼭 필요한 일을 다 이루셔서 고난을 해결하신 분은 오직 그분뿐이다.

토의 질문

1. 당신은 삶에서 고통과 고난을 당한 적이 있는가? 나누어 줄 수 있겠는가?

2. 기독교에서 말하는 예수 십자가의 죽음이 당신의 고난을 해결하는 데 도움이 되는가? 어떻게 그럴 수 있는지 설명할 수 있는가?

3. 하나님이 존재하지 않는다고 가정하면, 그것이 고난과 악에 대해 암시하는 바는 무엇인가?

4. 이 세상에 고난과 악이 존재한다는 사실은 왜 하나님의 부재를 입증하지 못하는가? 그것이 어떻게 하나님이 존재한다는 사실을 강력하게 논증해 주는가?

3장

바트 어만[1] 신약에 담겨 있는 게 예수의 산상수훈이 아니라 예수가 부활한 후 제자들에게 전한 영지주의적 가르침이라면 어떨까? 신약에 담겨 있는 게 바울과 베드로의 서신이 아니라 톨레미와 바나바의 서신이라면 어떨까? 신약에 담겨 있는 게 마태와 마가와 누가와 요한의 복음서가 아니라 도마와 빌립과 마리아와 니고데모의 복음서라면 어떨까?

성경은 어떻게 생겨났는가?

이 책들은 누가 썼고, 성경은 어떤 기준으로 구성되었는가?

마이클 크루거[2] 어만이 광범위하게 열거한 다양성은 역사적 개관으로는 흥미롭지만 그의 생각처럼 외경도 신약 정경과 대등한 진품 자격이 있음을 입증하지는 못한다. 다양성이 존재한다는 이 유만으로 그것이 입증되려면 외경과 구분되는 신약 정경의 요건이 전혀 없어야만 한다. 그러나 이는 검증되지도 않은 채로 논증에 슬쩍 끼워 넣어진 엄청난 가정이다.

성경은 전무후무한 베스트셀러일 뿐만 아니라 또한 연간 베스트셀러다. 해마다 그렇고 올해도 마찬가지다. 그것도 근소한 차이가 아니라 2위보다 매출이 최소한 두 배는 높다. 사실은 그보다 훨씬 높을 것이다. 정확한 판매 부수는 파악하기 어렵다.

이미 성경을 가지고 있는 사람이 대부분 다시 구매한다는 점을 잊지 마라(미국의 경우 가구당 성경 보유 권수는 평균 4권이다). 그런데도 아무리 낮게 추산해도 미국에서 연간 판매되는 성경은 2천5백만 부에 근접한다.[3] 그나마 이것은 빙산의 일각일 것이다. 전 세계에 보급된 성경, 무료로 배포되는 성경, 기관별로 일괄 제작되는 성경, 선교지에 보내지는 성경 등을 모두 합해 보라. "뭇 산의 가축"(시 50:10)이 이미 하나님의 것이 아니라 해도 성경의 저작권료만 생각해 보라.

이렇듯 이 제품은 수요가 천문학적 숫자인 데다 지금부터 예수님의 재림 때까지 전혀 감소할 기미도 보이지 않는다. 하지만 성경이 왜 현재의 특정한 책들로 구성되어 있는지는 대부분 사람이 잘 모른다. 대다수 그리스도인도 마찬가지다. 왜 하필 이 책들이며 다른 책들은 아닌가?

오늘날 서점이나 온라인에서 만나는 일반 책과 달리 성경은 번뜩

이는 착상을 종이쪽에 끄적거린 결과물도 아니고, 출판계의 차기 대박을 노린 기획 상품도 아니다. 스타들만 총출연하는 자선 음악회처럼 최고의 글만 모은 것도 아니고, 대대적인 마케팅 공세와 언론 홍보로 떠벌이지도 않았다. 성경은 돈 많은 투자가가 유명 기고가에게 원고를 청탁해서 모은 두뇌의 산물이 아니다. 즉 인류에게 알려진 가장 중요한 저작으로 한 권으로 된 웅대한 선집을 집대성하려 한 게 아니다.

그렇다면 성경은 어떻게 생겨났는가? 처음에는 적은 글로 시작했다가 좋은 작품이 더 나오면서 계속 추가되었는가? 문예 심사단에서 기준에 미달하는 새 출품작과 기획안을 걸러 퇴짜를 놓았는가? 현재의 특정한 책들은 어떤 근거로 수록되었고, 그 밖의 책들은 어떤 근거로 '좋은 시도'에 그쳐 반송되었는가?

모두 꽤 자의적이고 미심쩍어 보인다.

하지만 그렇지 않다. 정말 아니다. 이제 보면 안다.

지금부터 우리는 이렇게 할 것이다. 당신의 강의실에서 제기될 의문은 대부분 신약을 둘러싼 주제일 것이다. 따라서 성경의 그 부분에 이번 장의 초점을 맞추려 한다. 구약, 히브리 성경을 구성하는 책들은 그때쯤 이미 대부분 확정되어 있었다. 성경에 등장하는 여러 진술과 인용된 본문으로 미루어 보아, 예수님과 그분의 사도들은 분명히 구약 대부분을 하나님의 감동으로 기록된 권위 있는 책으로 받아들였다. 당신도 아마 알겠지만 일부 신앙 전통(특히 천주교)

에서는 몇 가지 후기 외경도 받아들인다(외경이란 진품의 자격이 의심스러운 문서를 가리킨다). 하지만 그런 별도의 저작을 유익하고 교훈적이라 생각하는 사람도 그 책들이 나머지 책들과 대등한 수준이 아닌 것만은 명백히 인정한다. 신약에 사용된 구약의 핵심부(율법서, 이사야와 예레미야 같은 주요 예언서, 시편, 잠언)에 대해서는 논란이 거의 혹은 전혀 없다.

그러나 현 AD 시대 초기(지금보다 더 직접적으로 그리스도의 일생과 교회의 출현을 중심으로 돌아가던 시기)로 거슬러 올라가 보면, 뭔가 다른 일이 눈에 띈다. 즉 복음서, 사도행전, 서신서, 요한계시록 등 장차 신약 27권을 구성할 거룩한 경전이 그때 유기적으로 창출되었다.

하지만 현저히 짙어진 회의론자들의 의심도 당연히 감지된다. 그러나 일단 결론부터 밝히자면, 신약의 생성에 대한 반론은 기껏해야 빈약한 수준이다. 반대론자는 사력을 다하여 신약 책들의 기원과 신빙성에 이의를 제기하지만, 그들의 주장은 허점투성이에다 대체로 난감한 수준이다. 그만큼 신약의 생성을 옹호하는 입장이 더없이 탄탄하여 각종 합리적 증거로 뒷받침되기 때문이다. 우리와 함께 이번 장을 숙독하고 나면 당신도 이게 무슨 말인지 정확히 알게 될 것이다.

그럼 곧바로 들어가 보자.

정경의 기원

회의론자들은 이런 인상을 남길 수 있다. 신약에 수록된 책들의 목록은 AD 4세기 중에 공식 교회 공의회에서 결정했다는 것이다(공의회에 대해서는 6장에서 더 살펴볼 것이다). 이는 마치 수상작을 선정하는 심사단을 연상하게 한다. 신청서와 출품작을 쭉 훑어 나가면서 후보작을 골라낸 뒤, 이미 밝혔던 목표대로 주최 기관에 유리한 기준에 따라 최종 결정을 내리는 것이다.

이보다 더 사실과 거리가 멀 수는 없다.

우선 정경(권위가 인정되는 일단의 문서)이라는 개념 자체가 무슨 위원회에서 법을 제정하듯 만들어 낸 만능 패가 아니다. 정경의 중요성은 이미 오래된 역사였다. 사실 대규모 교회 회의들이 열린 AD 300년대에는 신약 정경이 이미 저절로 생성되고 완결되어, 실제로 일체의 신작이 더해지지 않은 지 여러 세대가 지난 후였다.

초대 교회는 예수님의 승천과 놀라운 오순절 사건(행 2장) 이후에 신속히 골격이 갖추어지기 시작했는데, 증거에 따르면 그들은 자신들이 대하는 특정한 글들이 엄청난 것임을 즉각 알아차렸다. 그 문서들은 금세 유용해져 지역 교회들 사이에 회람되었다. 유대교 정경을 접하며 자라난 그들은 그리스도를 통한 이 '새 언약'(유대 민족과 하나님 사이의 '옛 언약'에서 이어져 나온)이 자연스럽게 일련의 기록물에 담길 것을 차차 인식했다. 이렇듯 1세기 신자들이 그리스도 안에서 새로운 삶에 첫발을 내디딜 때부터 이미 하나님은 적극적으로 감화하여 그들에게 문서를 공급하셨고, 그 속에 그분의 가르침과 이야기를 담아 후대를 위해 보존하셨다.

사실 당신의 성경을 쭉 넘겨 보면 그 과정이 진행되는 모습을 직접 볼 수 있다. 다음 세 가지 예에서 보듯이 신자들은 성경이 자신들의 눈앞에서 새로 생겨나고 있음을 일찍부터 알았다. 첫 번째 예는 사도 베드로가 바울의 편지들을 가리켜 한 말이다. 강조된 부분을 특히 눈여겨보기 바란다. "또 우리 주의 오래 참으심이 구원이 될 줄로 여기라 우리가 사랑하는 형제 바울도 그 받은 지혜대로 너희에게 이같이 썼고 또 *그 모든 편지*에도 이런 일에 관하여 말하였으되 그중에 알기 어려운 것이 더러 있으니 무식한 자들과 굳세지 못한 자들이 *다른 성경*과 같이 그것도 억지로 풀다가 스스로 멸망에 이르느니라"(벧후 3:15-16, 강조체 저자).

베드로는 이미 바울의 저작을 구약성경과 대등한 위치에 두고 있었고, 그런 생각을 마치 지나가는 말처럼 언급했다. 이런 말을 듣고 놀랄 사람은 아무도 없다는 듯이 말이다. 어만은 베드로후서를 2세기 초에 다른 사람이 쓴 위작으로 본다(이 점에 대해서는 곧 살펴볼 것이다). 하지만 이 서신의 저작 시기를 더 늦춘다 해도, 이 본문은 교회 공의회들이 소집된 4세기보다 훨씬 이전에 이미 정경이 출현하고 있었음을 입증해 준다.

두 번째 예는 바울이 디모데에게 보낸 첫 번째 서신에 나온다.

"성경에 일렀으되 곡식을 밟아 떠는 소의 입에 망을 씌우지 말라 하였고 또 일꾼이 그 삯을 받는 것은 마땅하다 하였느니라"(딤전 5:18, 강조체 저자).

어떤 사람은 이것이 바울의 글이 아니라면서 저작 시기를 AD 100년경으로 늦추려 한다. 하지만 이번에도 그 점은 일단 제쳐 두고 본문 자체에 주목하라. 인용된 신명기 25장 4절(소의 입에 망을 씌우지 말라는 부분)이 누가복음 10장 7절로 보이는 내용(신약에 인용된 예수님 말씀)과 대등한 짝을 이루고 있다. 여기에 진품을 가려 낼 또 하나의 단서가 있다. 1세기 그리스도인들은 누가복음이나 적어도 그 안에 담긴 예수님의 말씀을 이미 구약성경과 같은 맥락에서 보고 있었다.

마지막 예는 다시 베드로가 한 말이다. "사랑하는 자들아 내가 이제 이 둘째 편지를 너희에게 쓰노니 이 두 편지로 너희의 진실한 마음을 일깨워 생각나게 하여 곧 거룩한 선지자들이 예언한 말씀과 주 되신 구주께서 너희의 사도들로 말미암아 명하신 것을 기억하게 하려 하노라"(벧후 3:1-2, 강조체 저자).

"거룩한 선지자들"과 "사도들", 즉 구약과 신약이 한 문장 안에 나란히 등장한다. 이는 교회사 초기부터 정경의 완결판이 명백히 결합되고 있었다는 증거다. 사실 교회 교부인 이레니우스Irenaeus가 2세기 말에 활용한 사도들의 권위 있는 저작들은 신약의 최종 27권 중 20권이었고, 특히 널리 용인되던 마태와 마가와 누가와 요한의 사복음서가 명시되어 있다.[4] 또 다른 고문서인 무라토리 정경(Muratorian Canon, AD 180년경 문서로 신약의 권위 있는 책 목록으로는 아마 시기적으로 가장 이를 것이다)도 신약 사복음서만이 성경으로 인정되었음을 확증해 준다.[5]

이는 사복음서와 사도들의 다른 저작과 더불어, 곧바로 바울 서신 13편도 이미 성경과 대등한 비중을 지닌 것으로 간주되었다는 뜻이다. 이레니우스는 바울 서신을 빌레몬서만 빼고 일일이 언급했고 무라토리 정경에는 전부 포함되어 있다. 일부 지엽적 책들(베드로후서, 요한이서, 요한삼서, 야고보서, 유다서)에 대해서는 그 뒤로도 어느 정도 논의가 계속되었지만, 신약의 핵심 정경은 늦어도 2세기 중엽까지는 이미 전 교회적으로 일관되게 인정되었던 것으로 보인다. 이는 공의회가 정치적 수단을 획득하여 이단 문서들을 강제로 퇴출시키기 훨씬 이전이었다.

신약의 책들은 경쟁을 거쳐 뽑힌 게 아니다. 천만의 말이다.

일부 학자는 공의회에서 은근히 묵계하고 공모하여 몇 세기 후에 성경을 만들어 냈다고 주장하지만 전혀 사실무근이다. 초대 그리스도인은(사도들의 근본 역할을 깊이 확신했기에) 정경이 이미 완결되어, 사도들의 사후에 작성된 어떤 글도 더해질 수 없다고 본 지 오래였다. 예컨대 "헤르마스의 목자"(Shepherd of Hermas)라는 책은 단순히 "아주 최근에, 우리 시대에 기록되었다"는 이유로 2세기에 신자들에게 거부당했다.[6] 후대 교회 지도자들도 쭉 같은 기조를 유지했다. 일례로 오리게네스Origenes는 3세기 초에 했던 한 설교에서 신약 27권을 전부 열거했다.[7] 또 다른 예로 2세기 중반에 고린도 주교였던 디오니시우스Dionysius는 그가 쓴 편지들을 이미 자신이 '주의 성경'이라고 부르고 있던 책들과 애써 구분했다.[8] 그도 역시 정경이 이미 완결되어 더 기록물이 첨가될 수 없다고 믿었다. 아울러 일부 주창되는 책들은 공의회가 있기 전부터 명백히 대상에서 제외되었다. 일례로 일찍이 오리게네스는 교회들에서 도마 복음이 읽히지 않는다고 말했다.

요컨대 신약의 책들이 (선정된 게 아니라) 알짜배기로 인정받아 교회들에서 통용된 이유는, 그 책들이 독특하고 특별한 가치를 지니고 있다고 여겨졌기 때문이다.

결론은 이것이다. 정통 정경은 4세기와 그 이후에 똑똑한 참모와 보좌진이 교회 공의회 위원들에게 제안하여 '그것참, 좋은 생각이로군!' 하고 만들어진 작품이 아니다. 사실 정경은 그런 공의회의 토의 주제조차 아니었다! 그런 모임이 소집된 목적은 신학 주제(예컨대 예수님은 정확히 누구며 삼위일체를 어떻게 정의할 것인가 등)를 명확히 정리하기 위해서였다. 거기서 정경이 언급된 유일한 이유는 교회 지도자들이 바로 그 책들에 근거하여 다양한 논지와 견해와 해석을 변호했기 때문이다.

그 사람들은 대도시에 모여 성경을 만들어 낸 게 아니다. 성경은 이미 오래전에 완결되어 있었다. 그런데도 회의론자들은 당신에게 이런 생각을 주입하려 한다. 다른 수많은 책과 복음서도 거룩한 경전에 포함될 권리와 정당성이 똑같이 있는데도 그 시기에 공정한 평가조차 없이 정경 밖으로 내쳐졌다는 것이다.

과연 그런지 알아보자.

정경과는 달라도 너무 다른 외경들

이 주제에 대해 회의론자들이 당신 앞에 내세울 논리에 이런 게 있다. 신약에 포함된 책과 배제된 책을 구분하는 기준이 전혀 없다는 것이다. 그들은 이 선택을 노래 대회에 빗대면서, 모든 출전자의 재능과 자격이 비슷한데도 심사위원들이 자기들 주관대로 미리 내정된 사람을 뽑았다고 주장한다. 그러나 회의론자들이 으레 예로 드는 책들(이번 장 서두에 어만이 열거한 책 등)은 심한 음치라서 도무지 성경의 노래를 부를 수가 없다. 그런 책으로 멀쩡히 초기 신자들을 속여 먹거나, 이미 용인된 정경에 그것을 끼워 넣을 수 있는 사람은 아무도 없었다.

당신도 사람들에게서 같은 주장을 듣게 될 테니 여기서 어만이 언급한 책을 살펴보자.

우선 대다수 학자의 일치된 견해처럼 이들 소위 경쟁작들은 하나같이 2-3세기에 저작되었고, 동시대에 기독교에서 파생된 영지주의Gnosticism*와 같은 분파를 대변한다(이 주제도 6장에서 자세히 살펴볼 것이다). 신약 정경의 모든 책과 달리 이런 문서들은 1세기와 개념적 연관성이 전혀 없다. 저자들은 자신의 글에 권위를 더하려고 초대교회의 주요 인물을 저자로 내세웠다. 하지만 그중 어떤 문서도 사도들의 삶과 사역의 현장에 있었다는 증거는 없다.

그 책은 다음과 같다.

톨레미 서신

2세기에 어느 영지주의자가 쓴 글이다. AD 150-170년경에 쓰였다고 본다. 이 저자가 신봉하던 영지주의 분파는 구약의 기원이 하나님이 아니라 중간급 신이라 주장했다. 그는 이 신을 데미우르고스Dēmiurgos라 불렀다. 저자는 예수님이 살아 계셨을 때 그분을 직접 따랐던 사람도 아니고, 그런 제자의 동지도 아니다. 당신이 잘 아는 신약에 이와 비슷한 책이 하나라도 있는가? 어림도 없다. 이 책에는 암송할 요절이 없다.

바나바 서신

누구인지 모를 저자가 2세기에 쓴 편지인데, 바울의 1차 선교 여

---

* 영지주의는 영과 정신은 선하고 육과 물질은 악하다는 극단적 이원론에 근거하여 구약의 창조주 하나님을 물질을 만든 저급한 신으로 보았다. 그들은 구약과 신약의 단절성을 과도하게 강조하고 그리스도의 인성에 타격을 줄 만큼 신성을 강조하였다. 또한 영을 육에서 해방하기 위한 방법으로 과도한 금욕주의를 적용하였다.

행에 동행했던 도량이 넓은 바나바를 저자로 내세웠다. 인기가 좋아 2-3세기 일부 교회 지도자들의 글에 간혹 인용되었으나, 당신의 목사가 어느 책을 읽고 한 줄을 뽑아 설교에 인용할 수 있는 정도에 지나지 않는다. 단지 인용되었다 해서 대다수 초대 그리스도인이 이 책을 성경으로 생각했다는 뜻은 아니다. 오히려 그 반대였음이 분명해 보인다.

도마 복음

복음서라지만 성경의 사복음서와는 형식이 다르다. 줄거리도 없고 내러티브도 없고 예수님의 출생이나 죽음이나 부활에 대한 기사도 없다. 예수님의 어록이라는 글 114편만 실려 있는데, 그중에 마태나 마가나 누가나 요한의 복음서에 나올 법한 말도 있긴 하지만 다수는 생소하고 괴상하다. 저작 시기는 2세기 초에서 말 사이로 보는 게 중론이지만, 정경 논의에 고려된 적은 한 번도 없다. 오히려 예루살렘의 키릴(Cyril of Jerusalem)은 교회에서 이 책을 읽지 말라고 특별히 경고했고,[9] 오리게네스는 이 책을 외경 복음서로 분류했다.[10] 다음 말에 잘 요약되어 있다. "도마 복음은 설령 원래 진정한 기독교를 대변한다 해도, 그 사실을 입증할 역사적 증거를 거의 남기지 않았다."[11]

빌립 복음

역시 영지주의 문서며 사도 시대보다 훨씬 늦은 3세기에 기록된 것으로 보인다. 분명히 신약의 자료에 의존하고 있으며, 구조는 역사적 내러티브보다 영지주의의 신학적 교리서에 더 가깝다. 시기와 내용이 초대 교회에 용인되던 성경의 범주를 훌쩍 벗어난다.

마리아 복음

역시 영지주의에서 기원한 이 책은 저자의 입장에 맞추어 신약 자료를 부풀린 것으로 보인다. 목격자의 증언에 기초했다는 말이 없다. 2세기에 기록되었다.

니고데모 복음

훨씬 늦은 시기인 5-6세기에 나온 이 글은 예수님과 본디오 빌라도의 대화와 예수님 죽음과 부활 사이에서 지옥을 경험했다는 일을 기록한 픽션이다. 묘사된 사건들의 역사적 정당성을 인정할 만한 확실한 근거도 없거니와, 이 책을 성경의 일부로 볼 만한 근거는 더더욱 없다.

이상 살펴본 바와 같다. 이것이 가장 많이 논의되는 '다른' 복음 중 일부다. 물론 이런 책들이 신약성경의 반열에 들어야 할 정당성은 거의 없다. 사실 다름 아닌 브루스 메츠거(Bruce Metzger, 프린스턴 신학대학원에서 바트 어만을 지도한 스승)의 한 중요한 연구에 따르면, 훗날 정경으로 공식 인정된 책들은 정경 목록에 들기 이전부터 이미 권위 있는 역할을 다하고 있었다. 그런데도 어만 같은 사람들은 방금 위에 약술한 그런 책들도 정경의 책들과 나란히 함께 있었으며, 후자처럼 얼마든지 성경에 편입될 수도 있었다고 계속 우긴다.

외경 저작의 명백한 약점들을 무마할 수는 없으니 그들의 논리가 먹혀들려면, 처음부터 탄탄한 전통과 유산을 바탕으로 당당히 성경에 포함된 책들을 흠잡는 수밖에 없다. 즉 문제가 많은 문서를 끌어올리는 대신 문제가 없는 문서를 끌어내려야 한다. 그러기 위한 수법으로 그들은 후자의 자격과 보전된 상태와 정당성에 이의를 제기하고, 예수님의 제자들을 무학자로 몰아세우며, 성경 전체를 정교한 책략의 산물이라 비난한다.

누구의 이름을 내세울 것인가

바트 어만은 자신의 신간이 나오면 전국으로 사인회와 강연 여행을 다닌다. 뉴욕과 캘리포니아의 주류 언론이 이를 보도하고, 코미디 채널의 예능국에서도 금세 그를 섭외하여 토크쇼에 출연시킨다. 메가 베스트셀러 저자가 되어 관객 동원력이 생기면 이런 대접을 받는다.

그러나 어떤 무명인이 자비로 논문을 간행한다면 어떨까? 책을 읽을 사람은 자기 어머니와 편집자뿐이고, 친구와 동료는 그저 보았다고 말하려고 아마 10초 동안 폈다 덮을 것이다. 이 저자를 만나려고 사람들이 서점 밖에서 장사진을 이룰까? 그가 오프라 윈프리Oprah Winfrey에게 메시지를 남기면 응답 전화가 걸려 올까?

세상은 유명 인사와 거창한 숫자를 원한다. 성공이 보장된 사람에게 무조건 달라붙으려 한다.

그렇다면 성경을 조작해서 만들어 내려는 홍보팀이 저자 후보군을 고른다면, 그러니까 정말 대중의 마음을 사로잡을 사람, 세간의 시선을 끌어 기독교 신앙을 널리 알릴 사람을 고른다면, 누구를 내세우고 싶을까?

마가 같은 사람일까?

초대 교회가 유력 인사를 복음서 저자로 내세워 즉각적 호응과 신임을 얻으려 했다면, 왜 하필 마가 같은 사람을 골랐을까? 마가는 바울의 1차 선교 여행에서 고생과 스트레스를 견디지 못해 도중에 징징거리며 엄마에게 돌아간 사람이다. 2차 여행 때 재기하려 했으나 오히려 주인공인 바울과 바나바 사이에 큰 불화를 일으켜서, 결국 둘을 갈라지게 하고 딴 길로 가게 했던 사람이다(참고 행 13:2-5, 13, 15:36-39).

이런 마가에게 어떻게 새 성경의 책 한 권을 쓰도록 맡길 수 있단 말인가?

절대 있을 수 없는 일이다.

2세기 초로 거슬러 올라가는 전승을 통해 그때나 지금이나 잘 알려졌듯이, 마가가 복음서에 기록한 내용은 다분히 베드로의 설교와 목격담에서 기인했다. 첫 장에는 예수님이 어업에 종사하던 베드로를 불러 그분을 따르게 하신 일이 기록되어 있고(막 1:16-18), 끝 장에는 빈 무덤을 본 여자들에게 천사들이 "가서 그의 제자들과 베드로에게 이르기를" 부활하신 그리스도를 모처에서 만나라고 말하는 장면이 기록되어 있다(막 16:7, 강조체 저자).

위작을 목적으로 지명도를 노렸다면, 마가의 개입을 미미한 유령 작가 수준으로 떨어뜨리고 베드로의 이름을 반들반들한 표지에 큼지막하게 내걸기가 얼마나 쉬웠을까? 베드로는 존경받는 유명 인사였으니 그를 택하는 게 당연했다. 그가 쓴 책이라면 당장 팔릴 수 있었다. 그런데 왜 전승에서는 마가를 택한 것일까?

분명히 전승되는 과정에서 사람들이 뭔가를 알았기 때문이다. 마태와 누가가 각자의 복음서를 썼듯이 이 복음서의 저자는 마가라는 사실을 말이다. 사복음서에 고차원의 사도적 분위기를 불어넣은 저자는 요한뿐이다.

그러므로 복음서라는 문서에 단지 인명을 덧붙여 더 큰 권위를 부여하려는 게 초대 교회의 의도였다면, 단언컨대 최초의 무리 중 이런 무명에 가까운 인물이야말로 제1순위가 아니었을 것이다.

이야기에 충실하라

좋다. 그 방법으로 회의론을 제대로 조장할 수 없다면 이것은 어떤가? 복음서가 주로 민속 문학으로 사람들 사이에 구전되었다고 하자. 그들은 역사에 관심이 없었고, 목격자와 아무런 관계도 없었으며, 예수님의 전통적 가르침을 자신들의 특수한 목적에 맞추어 고치려는 속셈도 없었다.

이 이론은 비교적 최근(20세기 초)에 생겨난 양식 비평이라는 학문 연구를 통해 제기되었다. 양식 비평가들은 고대에 개인과 가족과 집단의 정보가 흔히 구두로 전해졌다는 사실을 파헤쳐 연구했고, 그 결과 현존하는 기록 문서의 신빙성에 의문을 제기했다.

영국인 학자 리처드 보컴Richard Bauckham이 『예수와 그 목격자들』(새물결플러스 역간)에 꼼꼼히 담아낸 실증적 통찰은 논란이 많은 이 주제에 확실한 설명을 내놓았다.[12] 예컨대 그의 논증처럼 예수님의 삶과 죽음과 부활을 본 많은 목격자는 그 당시에 아직 살아서 두루 퍼져 있었다. 그들은 전통의 믿을 만한 출처이자 권위 있는 수호자 역할을 할 수 있었는데, 이는 구전 사회에서 흔히 실행되고 중시되던 관행이었다. 그들이 나이가 들어 세상을 떠날 즈음에도 초대교회에는 1) 그리스도를 직접 본 사람들, 2) 그들에게서 직접 배운 원로들, 3) 예수님의 기사를 최초 출처에서 들었던 사람의 제자들 등이 족히 2세기까지 섞여 있었다.[13]

게다가 이 교회 운동이 워낙 활기차고 긴밀하며 혁명적이다 보니, 그 열정 하나 때문에라도 그들은 목격자들의 증언을 단단히 붙들었을 것이다. 마치 사랑하는 고인이나 두고 온 가족과 이어 주는 가느다란 추억의 끈을 고스란히 간직하려는 것처럼 말이다. 이 사람들에게는 그런 증언을 흠 없이 순수하게 지키는 것이 가장 중요한 일인 만큼, 내용을 고치거나 그것이 소멸하도록 무관심하게 내버려 두려는 투지 따위는 전혀 없었을 것이다. 물론 지금의 사복음서에서 보듯이 그들이 기사를 전한 방식은 조금씩 달랐을 수 있으나 이야기의 본질은 늘 똑같았다.

우리 중 대럴은 자유주의 학자 존 도미니크 크로산John Dominic Crossan과 공개 토론을 한 적이 있는데, 크로산은 에고리 대학교 학생을 대상으로 한 유명한 조사 결과를 인용했다. 주제는 아무리 직접 목격한 사건이라 해도 기억이 변덕스럽다는 것이었다. 예로 든 사건이 우주왕복선 챌린저호가 폭발한 참사였다. 그때 대럴은 조사 대상이 만일 이해 당사자가 아닌 대학생 대신, 직접 관련된 우주 비행사였다면 결과가 다르지 않았겠느냐고 반문했다. 요지인즉 그 프로그램에 동참하여 우주선에 실제로 앉아 보았던 사람이라면 이 충격적 사건에 대한 기억이 흐트러지지 않고 훨씬 또렷했을 것이고, 외부 요인 때문에 자신이 본 것을 의심하거나 '잘못 기억할' 소지가 더 적었을 것이다.

예수님의 실제 행적과 말씀을 정확하고 온전하게 보존하는 데 그야말로 교회의 사활이 걸려 있었다. 복음서는 지금 읽어도 생생하고 상세하며 현장감 넘치고 관점이 자연스럽다. 게다가 많은 사람이 실명으로 등장할 뿐 아니라 별로 비중이 없는 인물까지 줄줄이 언급된다. 이것은 모두 복음서의 증언이 진실하고 정확하다는 증거다. 이 문서들은 예수님의 삶과 사역에 대한 목격담으로 이루어져 있을 가능성이 매우 높다. 따라서 결국 입증의 책임은 성경을 믿는 그리스도인이 아니라 비판자의 몫이 된다. 그들은 복음서의 기사와 서술에 역사적 개연성이 없다는 합리적 증거를 내놓아야 한다. 그렇지 않으면 복음서는 자체적 신빙성을 확보한다.

오지의 무식한 촌뜨기가 저자라고?

지금까지 살펴보았듯이 1) 비교적 무명인 사람이 복음서 저자로 뽑혔다는 사실은 문서의 공정성을 암시한다. 또 보았듯이 2) 목격자들은 끈질기고 집요하게 마지막 안간힘을 다해서라도 성경의 사건과 내용을 사실 그대로 정확하게 전달하려 애썼다.

이번에는 회의론자의 또 다른 트집으로 넘어가 보자. 그들은 예수님 제자들의 두뇌와 실력이 의심스럽다고 했다. 베드로와 요한 등은 노상과 해변에서 예수님의 최측근 제자로 발탁되었다. 그런 어중이떠중이 촌부 몇 명이 어떻게 지금도 매달 수백만 부씩 찍어

내는 명작을 저술할 수 있단 말인가?

당신이 듣기에도 좀 오만한 말 아닌가? 하지만 어만이 사도 베드로를 뭐라고 칭하는지 보라. "오지의 무식한 촌뜨기"라 칭한다.[14] 게다가 그는 이 한 사도를 시범 사례로 삼아 다른 모든 사도까지 싸잡아서 중상한다. 자칭 거룩한 경전 단어 하나는 고사하고, 상품으로 걸려 있는 고급 스테이크 요리를 탈 만큼 멋들어진 글 한 줄도 쓸 수 없는 사람들이라는 것이다.

행여 누가 이런 식의 비난을 퍼뜨리거든 여기 당신이 명심해야 할 정보가 있다.

첫째, 1세기 유대인들은 읽고 쓰는 능력과 교육을 우선으로 여겼다. 그 문화에서 남자아이들은 6-7세부터 공부를 시작한다.[15] 사회학자들에 따르면, 지금과 마찬가지로 소수 민족은 자신들의 유산을 생활 방식으로 확실히 보존하려고 자녀와 가족에게 민족 정체성과 전통을 힘써 주입한다. 물론 로마에 지배당하던 팔레스타인 유대 민족도 다를 바가 없었다. 이는 단지 우리 현더인의 사고방식을 고대 문화에 투사하는 게 아니다. 베드로의 고향 갈릴리 지역에서 발굴된 고고학적 증거도 이를 뒷받침한다. 그 증거에서 밝히 드러났듯이 자녀 교육을 최고의 관심사로 여긴 것은 유대인의 관행이었을 뿐 아니라 공동체 내에 그런 법의식까지 있었다.

둘째, 제자들이 직업을 수행하려면 읽고 쓰는 능력과 지식이 필요했다. 상인으로서 날마다 교역을 수행하려면 어느 정도 언어와 문화를 공부해야 했다. 교수이자 목사인 벤 위더링턴 3세Ben Witherington III가 더 자세히 설명했다.

> 첫째, 어부는 촌뜨기가 아니었으며 대개 갈릴리 바다에 기대어 풍족하게 살았다. 벳새다에서 발굴되어 유명해진 어부의 큰 가옥에서 그것을 볼 수 있다. 둘째, 어부는 사업가였으므로 세관원, 통행료 징수원, 다른 사업가들을 상대해야 했다. 그러려면 서기를 두든지 아니면 직접 조금이라도 읽고 쓸 줄 알아야 했다. 셋째, 예수님이 제자로 삼으신 마태(레위)와 기타 세리들은 실제로 유식했다.…다시 말해서 예수님의 모든 제자가 무식한 촌뜨기였다는 식의 말은 어불성설이다.[16]

셋째, 초대 교회는 다문화권 운동이었다. 베드로가 이 운동의 공인된 지도자였다는 사실은 말과 글의 주요 언어가 그리스어였던 그리스-로마 세계를 그가 거뜬히 왕래할 수 있었다는 뜻이다. 성경에 기록된 사례로 보아 분명히 말로 의사를 전달하는 그의 능력은 점점 더 탄탄해졌다. 말만 잘했을 뿐이지 편지로는 생각을 표현할 능력이 안 됐다고 말한다면 이는 맹목적 추측일 뿐 확실한 근거가 전혀 없다. 특히 베드로가 사역의 길에 들어선 지 수십 년이 지난 생애 말기에는 더 말할 것도 없다.

게다가 설령 그런 문제가 있었다 해도 1세기 사회에서 편지나 글을 비서에게 구술로 대필하게 하는 것은 흔한 관행이었다. 만약 글쓰기가 베드로의 강점이 아니었다 해도 그의 말이 글로 옮겨지지 못할 이유는 하나도 없다.

그 당시 다문화권 세계에 문맹률이 높았던 것은 사실이다(무려 90-95퍼센트에 달했다). 그러나 상인 출신으로 외국을 돌아다니던 베드로는 십중팔구 그 무리에 들지 않았다. 베드로는 바트 어만이나 다른 교수들과 맞먹는 지성인이었을 수도 있고 그렇지 않을 수도 있다. 하지만 설령 아니라 해도 그가 그런 일을 하고 그런 책을 쓸 자격이 없는 것은 아니다.

그래도 신약의 책들을 믿을 수 없다

바트 어만에 따르면 신약의 책들은 결국 위조되었다. 그런 식으로 제작되어 널리 회람되었다. 그러나 그는 한쪽 증거간 볼 뿐 다른 탄탄한 결론은 보지 않는다.

AD 첫 몇 세기에 위조가 만연했다는 그의 주장은 옳다. 거기까지는 우리도 인정한다. 차이를 가려내는 방법이 정교해진 지금보다 그때 위조가 더 흔했다. 그러나 그게 사실이라는 이유만으로 다른 모든 가능성을 배제한 채 위조가 성행했다는 전제에서 출발해야 하는 것은 아니다. 이는 마치 이혼 문화 속에서 살아가는 모든 부부가 결국 반드시 남남으로 갈라선다는 말과 같다. 또는 부정행위가 성행하는 문화 속에서 낙제를 면하려는 모든 학생은 기숙사에 이전 시험지가 나도는 한 스스로 열심히 공부할 수 없다는 말과 같다.(당신이라면 부정행위를 거부하지 않겠는가?)

위조의 증거를 찾으려 들면 어디를 보나 수상한 점만 눈에 띄기 마련이다.

그러나 정작 증거는 이것이다. 초대 교회는 신성한 문서에 어떤 부정행위도 발생하지 않도록 막는 데 거의 결벽증이라 할 만큼 적극적이었다. 책의 저자가 미심쩍으면 일단 수용하지 않고 거부하는 게 대체로 그들의 추세였다. 히브리서는 예외지만 오히려 이 원칙을 입증해 준다. 지금처럼 그때도 저자가 바울인지 아닌지 논란이 많았는데, 그 때문에 히브리서는 가장 늦게 성경 정경으로 받아들여진 책 중 하나가 되었다. 저자가 누구인지는 끝내 밝혀지지 않았으나 결국 교회는 성경의 한 책이 될 만한 특유의 일관성과 비범한 권위가 히브리서에 있다고 판단했다.

히브리서도 하마터면 제외될 뻔했으니 도마나 빌립이나 마리아의 복음서는 어림도 없었다. 두말하면 잔소리다.

그런데도 회의론자들은 속임수가 개입되었다는 의견을 여전히 고수하고 지지한다. 다음은 그들이 특히 수상쩍다고 지목하는 책 가운데 일부다. 이것을 시범 사례로 살펴보자.

● **시범 사례 1 베드로전서**

　베드로전서를 다음 두 가지 내적 이유로 위작으로 주장한다. 우선 저자는 베드로가 예수님의 고난을 목격했다고 주장한다(벧전 5:1). 또한 바벨론이 로마의 암호명으로 쓰였는데(13절) 이는 AD 70년 이후 어법의 반영이다(베드로전서의 저작 시기는 전통적으로 60년대 초반이다).

　물론 잘 알려진 대로 베드로는 세 번이나 그리스도를 부인한 뒤 어둠 속으로 달아나 수치와 절망으로 통곡했다. 하지만 적어도 이것만은 말할 수 있다. 그는 예수님이 잡히시던 순간에 도망가지 않았고, 재판 중에도 분명히 근처에 있었다. 비록 안전거리를 두고 용기가 없어 그리스도의 제자로서 자신이 어떤 연관이 있는지 시인하지 못했지만 말이다. 따라서 회의론자가 베드로전서 5장 1절의 표현을 문제 삼으려면, 베드로가 증인으로 자처한 "그리스도의 고난"을 다름 아닌 십자가 사건 자체로 규정해야 한다. 그러나 그가 예수님이 십자가에 매달리신 현장에 없었다 치더라도, 주님이 큰 위험에 처하셨음을 알 만큼은 충분히 상황을 지켜보았다. 그는 예수님의 고난을 직접 알았다.

　바벨론 부분에 관해서라면 세계열강을 암호로 지칭하던 일이(신약성경만이 아니라) 고대 문헌에 드물지 않았다. 예컨대 다니엘의 책에서 그것을 볼 수 있다. 종말에 대한 환상에서 세상 왕국들을 묘사할 때 그도 암호를 썼다. 바벨론은(이집트와 아시리아를 포함하여) 악한

나라 가운데 하나였다. 로마처럼 바벨론도 역사 속에서 하나님의 백성을 줄곧 잔인하게 학대했다. 베드로의 독자들은 이 은유를 단박에 알아들었을 것이다. 그러면서도 그가 지칭하는 곳이 로마라는 사실은 슬며시 가려졌을 것이다. 공연히 서면으로 지명을 밝혀 박해를 더 자초할 필요는 없었다.

● *시범 사례2* **베드로후서**

한쪽에서 베드로후서가 예수님의 재림이 지체된다는 개념(벧후 3:8-9), 저자가 사용한 유다서의 어법(3-4절), 바울 서신이 성경과 대등하다는 주장(15-16절) 등의 내적 이유로 위작이라고 주장한다. 셋다 저작 시기가 늦다는 것을 증명한다는 이유에서다.

하나씩 차례로 살펴보자. 1) 유대교 성전이 파괴된 AD 70년 이전에도 이미 교회는 그리스도의 재림이 지체되는 듯한 문제로 씨름하고 있었다. 2) 베드로가 당대의 '조롱하는 자들'과 관련하여 유다와 정보를 공유한 일은 앞서 언급한 마가의 예처럼 평소에 다른 사람들과 동역하던 그의 모습에 어긋나지 않는다. 3) 바울은 자신의 편지가 성경 말씀이라고 공공연히 주장한 적은 없지만, 자신이 하나님에게서 받은 복음이 아닌 다른 복음을 전하며 다니는 사람들에게 분명히 저주를 발했다(갈 1:6-9).

더욱이 (베드로 복음을 비롯한) 다른 위작들은 정통 기독교 신앙에 어긋나는 견해를 조장하려고 기록되었다. 그런데 베드로후서의 교훈은 "이미 교회와 일치했고 따라서 사도의 명의로 거짓을 조장하려는 동기가 없었을 것이다."[17] 그런데 교회가 왜 굳이 이런 문서를 위조하겠는가? 베드로후서에는 삐딱한 속셈이 전혀 없고, 2세기 교리 논쟁도 언급되지 않는다. 이 책은 정경에 포함될 만한 모든 특성을 갖추었다. 그 이유는 단순하며, 중상을 당할 일과는 거리가 멀다. 즉, 실제로 베드로가 기록했기 때문이다.

● **시범 사례 3 에베소서**

중상하는 사람들은 에베소서의 문체, 문장의 길이, 어휘, 신학 등이 바울이 쓴 다른 서신들과 다르기 때문에 위작이라고 주장한다.

얼마든지 대응이 가능하지만 이것이야말로 궤변이다. 어만은 바울이 다른 서신들에 쓰지 않은 단어 116개가 에베소서에 나온다고 주장한다. 하지만 사실상 아무도 바울의 저작임을 부인하지 않는 갈라디아서 같은 서신에도 어휘의 비슷한 비율이 나타난다. 게다가 일부 다른 서신과 달리 바울이 에베소서에서 다른 신학적 주제는 에베소 교회의 특정한 문제에서 야기된 게 아니다. 이 편지는 일반 교리를 제시하여 주변 지역에 회람되게 할 목적으로 기록했다.

그들이 바울 서신에 원하는 바는 무엇인가? 편지마다 똑같은 말을 하는 것인가? 편지마다 똑같은 어휘만 쓰는 것인가? 우리 셋은 모두 합해 책 수십 권을 썼는데, 분량도 다르고 주제도 다르며 대상도 다르다. 물론 문체에서 각자의 취향을 찾아낼 수는 있다. 하지만 현대 어느 한 저자의 폭넓은 저작물을 수학적으로 똑같이 비교 분석한다면, 아마 어휘의 다양성이 바울의 경우와 비등하거나 어쩌면 더 클 것이다. 특히 집필 과정에 동참한 편집자가 매번 달랐다면 더 그럴 것이다.

신약학자 마이클 리코나Michael Licona가 이 상황을 잘 요약했다. "27권 중 어느 책에 대해서든 전통 저자를 인정하지 않으려면, 반대론이 찬성론보다 논리적으로 우세해야 하고 재반박을 이겨 낼 수 있어야 한다. 어만 같은 사람들은 다른 접근을 취하여 27권 모두 저자가 잘못 알려져 있다고 가정하는 모양인데, 우리는 완전무결에 가까운 정반대의 증거를 제시할 수 있다."[18]

완결된 성경

회의적 학자와 교수는 이것이 복잡한 문제인 양 당신을 오도하려 하지만, 사실은 그렇게 복잡하지 않다. 대부분 신약 문서 또는 전부가 1세기 말까지 종결되었다. 정경 27권은 두뇌 집단의 프로젝트나 과학 실험실의 연구로 확정된 것이 아니다. 특정한 책들이 정경으로 받아들여진 기본 원칙은 대체로 이런 것이었다. 즉 권위 있는 책이나 서신으로서 1) 저자가 사도거나 2) 사도와 연계된 사람이고 3) 확인 가능한 목격자의 증언에 근거한 것이라야 했다. 그럴 수 있는 시기가 AD 100년경에 막을 내림으로써 성경은 실제로 완결되었다.

반면에 톨레미가 플로라에게 보낸 서신 같은 외경 문서들은 전부 2-3세기나 그 이후에 기록되었다. 설령 기적처럼 두 자릿수 연대로 소급할 수 있다 해도, 여전히 그 문서들은 신약의 동인된 책들과 같은 반열에 설 비중이 없다.

원래부터 그런 비중이 없었다.

그 사실을 알아내는 데 굳이 교회 공의회가 필요하지 않았다. 외경 문서들을 정경 밖으로 몰아내고자 굳이 완력으로 위협할 필요도 없었다.

성경 정경의 책들은 스스로 특수성을 입증했고, 초대 교회의 방대한 지역에 널리 회람되어 읽혔다. 다른 외경들은 절대 그 수준의 회람에 도달하지 못했다.

토의 질문

1 신약의 책들은 언제 어떻게 성경으로 정해졌는가?

2 신약으로 확정된 책들과 정경으로 확정되지 못한 책들의 차이점은 무엇인가?

3 비판자들이 신약의 일부를 위작이라 주장하며 내세우는 증거는 무엇인가? 당신은 그들의 논리에 어떻게 대응할 수 있겠는가?

4장

바트 어만[1] 성경 말씀이 하나님의 감동으로 되었음을 회의하기 시작할 무렵부터 나는 역사적, 비판적 관점에서 가르치는 성경 강좌의 영향을 받았다. 점차 본문의 모순이 보였고 성경의 일부 책은 서로 조화되지 않았다. 일부 책들을 지은 저자들이 제목에 나온 인물이 아님도 여러 논증으로 확신하게 되었다. 아울러 오랜 세월 의문의 여지가 없다고 믿었던 기독교의 전통 교리 중 다수도 알고 보니…예수와 제자들의 원래 가르침을 떠나 변질되어 있었다.

성경은 정말 믿을 만한가?

그렇다면 성경은 왜 모순을 담고 있는 것처럼 보이는가?

벤 위더링턴 3세[2] 성경을 공부할수록 나는 인간의 고난과 죄처럼 깊은 문제에 대한 신학적 오류를 포함하여 성경에 명백한 역사적 오류와 어리석은 잘못이 있다고 비난하던 성향이 줄었다. 반대로 내가 만난 성경은 풍부하고 복잡다단했으며 바로 그런 생사의 문제를 다루는 데 유익하고 진실했다.…내 경우는 성경에 대한 믿음이 더 굳어졌는데 바트의 경우는 반대였나 보다.

어린 시절, 경기 도중에 당신 차례가 되면 누군가 자꾸 규칙을 바꾸었던 적이 있을 것이다. 특히 상대가 지고 있거나 당신을 좌지우지하지 못해 약이 오를 때 그렇다. 당신이 타석에 서면 갑자기 파울 라인이 안으로 좁아지고, 당신이 주루할 때는 경계선을 벗어나지 않기가 어려워진다. 소꿉놀이 인형에게도 기존 역할이 더 허용되지 않는다. 결국 규칙이 너무 까다로워져 더는 경기 자체가 불가능해지고, 그러면 다들 화가 나서 그만두겠다고 난리다.

그리고 공을 챙겨 집으로 가 버린다.

믿기 어렵겠지만 학문적 토론이라는 다양한 경기에서도 똑같은 일이 (물론 어른끼리는 한결 점잖게) 벌어질 수 있다. 당신의 논증에 근거 없는 자의적 규칙을 적용해야 한다고 한쪽 진영에서 우길 때 그렇다. 즉 한쪽이 성경은 믿을 만한 자료가 못 된다고 주장한다. 그런데 누구든지 그 점에 동의하지 않으면 전문가 자격을 박탈당한다.

우선 분명히 해 두자. 서로 다른 의견을 평가하고 판단할 규칙을 정하는 것은 잘못이 아니다. 각자의 가정과 전제를 두고 토론에 임하는 것도 문제가 안 된다. 누구나 그런 게 있기 마련이다. 그러나 이런 선입견 때문에 사실상 다른 모든 관점이 차단되고 경기장이 좁아져 한 팀밖에 정당하게 참여할 수 없다면, 그때는 문제다. 자기 외에는 아무도 말할 자격이 없다고 상대가 규칙을 빙자하여 우기기 때문이다.

시작도 하기 전에 경기가 끝나 버린다.

그래서 성경의 모순에 관한 이번 장의 예고편으로 당신에게 우선 보여 줄 것이 있다. 비판자는 경기장 규칙을 당신에게 불리하게 기울여 자기만이 이길 수 있는 폐쇄되고 통제된 환경을 조성하려 한다는 것이다.

그것은 결국 다양성과 불일치의 구분으로 귀결된다.

이 단어를 마음에 새겨 두라. 다시 등장할 것이다.

성경이 사실상 하나의 도서관임을 잊지 마라. 성경은 배경, 교육 수준, 직업상의 생활 방식, 온갖 특성이 서로 다른 수많은 저자가 수천 년에 걸쳐 기록한 책 66권을 모아 놓은 것이다. 성경 이야기는 놀랍도록 규모가 방대하고, 성경 메시지는 처음부터 끝까지 일관성이 있다. 인류 역사상 어떤 책이나 선집도 그 근처에도 가지 못했다. '같은 은하계 안에만' 있어도 근처라 할 수 있다. 당신도 성경을 잘 알겠지만, 다루어진 시간의 길이로 보나 전달하는 메시지의 깊이로 보나 성경이 얼마나 광대한지 잊어서는 안 된다.

그런데 어떤 사람은 성경의 광범위한 책 가운데 어느 하나에 다양성의 낌새가 조금만 보여도 그것을 절대적 모순이라고 단언한다. 그것으로 끝이다.

성경에는 세월이 지나면서 사고가 정당하게 진전되는 부분들이 있다. 특정한 사건이 발생하기 전에는 도저히 이해할 길이 없었던 설명이나 해석이 나중에 가서야 성경에 더해진다. 그런데 그들은 이것을 무조건 이전 내용과 양립할 수 없는 상충으로 간주한다.

다른 책에 이미 말한 내용을 똑같이 되풀이하는 게 아니라 한 책이 다른 책을 보완하거나 확충해 주면, 그들은 이것을 무조건 두 책이 불일치하는 사례로 못 박는다. 그들의 규칙에는 그것밖에 없다. 이로써 사건은 종료된다. 하지만 정말 그럴까?

그러려면 문학적 다양성과 역사적 진전의 의미를 왜곡하여, 그들이 정의하는 명백한 불일치와 모순으로 판독해야만 한다.

정반대 증거

사람들에게 왜 성경을 믿지 않느냐고 물어보라. 많은 사람이 우선 첫째로 '성경이 모순으로 가득하기 때문'이라고 답할 것이다. 좋다, 그들이 그렇게 믿고 있으니 우리도 접근을 달리해 보자.

그들에게 소위 그 많은 모순 중 아무거나 골라 보라고 하면 어떨까? 그러면 그들의 주장이 과연 상식과 정밀 검사를 통과하는지 뚜렷이 드러날 것이다. 우리가 던지는 몇 가지 솔직한 질문쯤이야 그들도 전혀 개의치 않을 것이다. 그렇지 않은가?

두 가지 기본 질문으로 시작한다. 모든 주관적 모순은 곧 객관적 모순인가? 일각의 주장대로 차이는 정말 모순과 같은가?

예컨대 당신이 친구들과 여럿이서 식당이나 어디 다른 곳에 둘러앉아 있다고 하자. 대화 중에 당신은 문득 당신이 했거나 보았던 어떤 일을 기억나는 대로 이야기한다. 중간쯤에 한 친구가 끼어들어 당신이 잊었거나 빠뜨린 세부 사항을 한두 가지 보탠다. 그 친구도 현장에서 똑같은 일을 보았다. 그런 식으로 계속 이야기가 오간다. 그 일을 함께 겪었던 다른 친구들도 가끔 나서서 각기 다른 관점을 제시한다.

지금 벌어지고 있는 일은 무엇인가?

사건을 말하는 어휘나 방식이 모두 똑같지 않으니 한 명만 제외하고 전부 거짓말을 하는 것인가? 혼란에 빠진 것인가? 고의로 속이는 것인가? 말의 내용에 차이가 있으니 분명히 서로 모순인가?

반대로 이렇게 인정하는 편이 훨씬 더 공정하지 않겠는가? 여러 명이 말해 준 덕분에 오히려 곁에서 듣고 있는 사람에게는 그 일이 훨씬 온전하고 재미있고 균형 잡힌 모습으로 다가올 것이다.

이제 왜 다양성이 반드시 불일치를 의미하지 않는지 알겠는가?

성경도 그와 같다. 성경의 다양한 기사는 전체 메시지에 통일성이 부족하다는 증거가 아니다. 오히려 개개의 작품이 엮어 내는 융단은 단조로운 로봇이나 무슨 유인물이나 보도 자료보다 훨씬 설득력 있고 다채롭다. 성경은 똑같은 정보를 적색, 청색, 황색 3겹 종이에 찍어 낸 정부 문건이 아니다. 아니, 성경은 살아 숨 쉬고 있다. 각기 결이 다른 다층적 구조로 되어 있다. 성경은 하나님이 실생활과 현실 세계 속에서 이루신 작품이며, 대상은 실시간을 살아가는 실존 인물들이다. 저자들을 메시지에서 벗어나지 않게 하려는 엄격한 집필 요강 따위는 없었다.

성경에 나오는 다양한 관점은 성경이 하나님의 감동으로 되었다는 사실에 위협이 되기는커녕 오히려 성경의 정당성을 입증해 준다. 일부 비판자는(마치 자신에게 그런 권한이라도 있는 양) 하나님이 책을 이러이러한 방식으로 쓰셨어야 한다며 경직되고 인위적이며 강박적 틀을 강요한다. 하지만 그렇게 혈안이 되어 있지만 않다면, 그들도 이 모든 모순이 왜 오히려 성경의 가장 큰 자산인지 알게 될 것이다. 아주 개연성 높은 이유가 있기 때문이다.

우선 우리는 회의론자의 파일 캐비닛에 들어 있는 모순 중에서 네 가지 시범 사례를 뽑았다. 즉 성경에 제시된 여러 주요 교리나 세부 사항에 불일치가 있다고 그들이 주장할 법한 부분이다. 그 네 가지란 십자가 사건, 동정녀 탄생, 예수님의 기적, 구원과 구약 율법의 관계다.

곧 보겠지만 다양한 성경 저자들의 서술은 각자의 성격과 시대에 따라 당연히 다양하지만 전체적으로 불일치는 없다.

그렇다면 모순이 아니라는 뜻이다.

● **시범 사례 1**　**십자가 사건에 대한 서로 다른 기사**

우리의 친구인 바트 어만 같은 사람들은 마가복음과 누가복음에 십자가 사건이 서로 다르게 기술되어 있다며 이의를 제기한다. 마가복음에 나온 예수님은 영문을 모른 채 절망 중에 죽지만, 누가복음에 나오는 예수님은 상황을 완전히 통제하고 있는 듯 보인다는 것이다.

세 시간이 넘도록 지속된 어떤 사건을 당신이 직접 목격했다고 하자. 누가 사건의 전모를 정확히 말해 달라고 한다면 당신은 시시콜콜한 것까지 다 말할까? 빼놓는 부분이 하나도 없을까? 예컨대 미식축구 경기였다면 모든 터치다운, 모든 선수, 모든 광고에 나온 제품까지 다 알릴까? 영화나 연극이었다면 모든 대사를 되풀이하고, 모든 배경 요소를 설명하며, 모든 장면에 등장한 사람을 일일이 열거할까?

그렇지 않다. 아무리 자초지종을 다 말한다 해도 여전히 당신은 일부 내용만 가려서 사건을 전할 것이다.

마찬가지로 복음서 저자들이 여러 세부 사항은 굳이 언급하고 나머지는 굳이 생략한 데도 그럴 만한 정당한 이유가 있었다. 일부는 계획적이었고 일부는 불가피했다. 누구나 알다시피 모든 역사 기록은 본질상 선별이기 때문이다. 사도 요한이 말했듯이 예수님이 땅 위에서 살며 하신 일이 워낙 많아 "만일 낱낱이 기록된다면 이 세상이라도 이 기록된 책을 두기에 부족할" 것이다(요 21:25).

그러므로 이 첫 번째 사례를 대할 때 누구나 이 점에는 동의할 수 있을 것이다. 어느 한 사건에 대해 두 사람이 각각 책을 쓴다면 서로 다른 측면을 강조하기로 할 수 있다는 것이다. 그렇지 않은가? 그렇다면 더 중요한 질문은 이것이다. 이런 다른 측면은 서로 양립할 수 없는가?

마가의 경우는 예수님이 십자가에서 하신 말씀을 딱 한 가지만 기록했다. "나의 하나님, 나의 하나님 어찌하여 나를 버리셨나이까"(막 15:34). 이어 그는 그분이 얼마 후에 "큰 소리를 지르시고 숨지시니라"(37절)고 덧붙였다.

이것을 누가가 쓴 것과 비교해 보라. 그는 마가가 기록한 예수님의 유일한 발언은 생략했지만 다른 세 가지 말씀을 명시했다. 그중 하나는 마가가 예수님이 운명하시던 순간에 지르셨다고 기록한 "큰 소리"의 실제 내용인 듯 보인다. "아버지 내 영혼을 아버지 손에 부탁하나이다"(눅 23:46). 실제로 두 기사를 나란히 놓고 읽어 보면 그분이 이렇게 말씀하신 시점이 마가복음의 "큰 소리" 시점과 정확히 일치함을 알 수 있다. 그러니까 누가는 탁자에 같이 앉아 있다가 사건에 대해 자신이 아는 부분을 보탠 그 친구인 셈이다.

요컨대 이 한 장면만 따로 떼어 놓고 보면, 정말 누가는 예수님이 단호한 자각과 확신 가운데 "아버지, 내 영혼을 아버지 손에 부탁하나이다"라고 말씀하며 죽음을 맞이하셨음을 강조하는 듯 보인다. 마가가 기록한 "나의 하나님, 나의 하나님 어찌하여 나를 버리셨나이까"에서 풍겨 오는 느낌과는 대비된다.

회의론자들은 이것을 모순으로 본다. 서로 양립할 수 없다는 것이다.

하지만 속단은 금물이다. 표본의 크기를 그렇게 좁게 축소하지 마라. 마가복음 전체를 돌아보면서 이런 모순된 주장이 과연 성립하는지 보라. 마가에게 정말 예수님이 자신의 죽음의 필연성과 의미와 결과를 모르고 계셨다고 기록할 의도가 있었는지 확인해 보라.

마가복음에서 예수님은 그분에게 임박한 죽음을 세 차례 예고하셨다. 각각 8장(31-38절)과 9장(30-35절)과 10장(32-45절)에 나온다. 그중 한 번은 제자들에게 그분의 죽음이 꼭 필요한 이유를 이렇게 말씀하셨다. "인자가 온 것은 섬김을 받으려 함이 아니라 도리어 섬기려 하고 자기 목숨을 많은 사람의 대속물로 주려 함이니라"(막 10:45). 또 나중에 겟세마네에서 보여 주셨듯이, 그분은 종교 지도자들을 안내하여 자신을 찾으러 온 유다가 "나를 파는 자"(14:42)임을 훤히 알고 계셨다. 게다가 대제사장 앞에 서셨을 때 그분은 친히 사형선고를 자초할 만한 증언을 하셨다. 자신의 신성을 선포하시며 훗날 자신이 "권능자의 우편에 앉은 것과 하늘 구름을 타고 오는 것"을 그들이 보리라고 말씀하신 것이다(14:62).

졸지에 죽음으로 내몰린 사람의 말처럼 들리지는 않는다!

그렇다면 누가는 어떤가? 그는 예수님을 냉정하고 결연하게 고난을 감수하는 존재로만 그렸던가? 고초가 실제로 시작되기 불과 몇 시간 전까지도 기도로 간구하고 탄원하신 그분을 그도 역시 담아 내지 않았던가? 누가의 기록을 보면 그분은 "아버지여 만일 아버지의 뜻이거든 이 잔을 내게서 옮기시옵소서"라고 아뢰셨고, 그러느라 땀이 "땅에 떨어지는 핏방울같이 되었다"(눅 22:42, 44).

이렇듯 마가와 누가의 전체 기사를 보면, 예수님의 고난을 기술한 양측의 방식이 명백히 상충된다는 주장은 희미하게 사라져 버린다. 물론 내용에 어느 정도 다양성이 있음은 사실이다. 앞서 보았듯이 어떤 하나의 이야기를 여러 사람이 전할 때는 늘 다양성이 존재하기 마련이다. 그러나 그것이 반드시 불일치는 아니다. 특히 이 저자들이 성경의 주장대로 하나님의 감동을 받았다면 더더욱 아니다.

● **시범 사례 2** **알쏭달쏭한 동정녀 탄생**

마태와 누가는 복음서에서 예수님의 동정녀 탄생을 언급하지만 마가와 요한은 그것을 모르는 듯 보이거나 적어도 언급하지 않는다.

과연 마태복음과 누가복음에는 예수님의 기적적 출생을 천사가 알려 주는 장면이 대뜸 첫 장부터 나온다. 요셉은 그것을 꿈을 통해 알았고(마 1:18-25) 마리아는 천사와 대면하여 들었다(눅 1:26-38).

하지만 그렇다고 마가와 요한이 그분의 동정녀 탄생을 아예 몰랐다는 뜻일까? 복음서에 그 부분을 넣지 않고, 예수님의 비범한 생애를 다른 방식으로 기술했다는 이유만으로 말이다.

우선 마가복음부터 보자. 이 책은 다른 세 복음서와 달리 유독 간결하다. 따라서 그가 예수님 생애의 첫 30년을 완전히 건너뛴 채 그분의 사역으로 직행하는 것은 놀랄 일이 아니다. 첫 장 9절에 이미 예수님은 장성한 성인으로 등장하신다.

그렇다면 결론적으로 마가는 예수님의 특별한 출생뿐 아니라 그분이 지나온 서른 이전의 삶도 전혀 몰랐다는 말인가? 설령 알았더라도 딱히 언급이 없으니 말이다. 하지만 베드로와 바울의 가까운 동역자였던 그(행 12:12, 25)가 이 신기한 초자연적 사건을 단 한 번도 들어 보지 못했을 가능성이 얼마나 될까? 그가 속했던 초대 교회의 유대 관계가 아주 긴밀했다는 점까지는 차치하고라도 말이다. 마가가 예수님에 대해 알았던 거라고는 자신의 복음서에 기록한 내용이 전부일까?

말도 안 되는 소리다. 이는 역사적으로 지극히 개연성이 없을 뿐 아니라 명백히 비논리적이다. 뭔가를 언급하지 않았다 해서 반드시 무지한 것은 아니다. 내용을 부정한 것도 아니다. 그저 언급하지 않기로 했을 뿐이다. 마가가 예수님의 성인기부터 시작했다는 사실은 그분의 유년기에 대해 얼마나 알았던지 관계없이 그것을 다루지 않기로 했다는 뜻이다. 왜 그랬을까? 그야 누가 알겠는가? 하지만 마가가 마태나 누가와 모순된다는 주장만은 성립되지 않는다. 침묵이 곧 모순은 아니다.

그렇다면 요한복음은 어떤가? 당신도 알겠지만 이 책은 다른 세 복음서와 다르다. 저작 시기가 훨씬 늦은 이 복음서는 단순히 사건을 기록하기보다 더 깊은 신학적 의미를 끌어내는 데 중점을 두는 경향이 있다(물론 사복음서는 모두 해석된 역사며 사건을 신앙의 관점에서 제시했다). 요한은 복음서를 쓸 때 전통적 기사를 기술하는 방식으로 시작하지 않고 예수님이 우주가 창조되기 전부터 존재하셨음을 선포한다. 그분은 시간과 만물이 있기도 전부터 계셨다. 동정녀 탄생이 큰일인 줄 알았다면 여기 그보다 더한 중대사가 있다!

이렇듯 요한은 예수님이 세상에 오신 일을 무한히 더 넓은 관점에서 제시한다. 그러니 예수님의 어머니가 임신하게 된 경위를 시시콜콜 적지 않은 그를 우리도 용서할 수 있을 것이다. 흥미롭게도 요한의 선택은 마가와 정반대다. 마가는 유년기를 건너뛰기로 했지만 요한은 출생 이전부터 시작하기로 했다. 사람도 다르고 필치도 다르지만 모순은 없다.

게다가 요한은 동정녀 탄생을 중간에 최소한 두 차례 간접적으로 언급한다. 우선 그는 신자들이 "혈통으로나 육정으로나 사람의 뜻으로 나지 아니하고 오직 하나님께로부터 난" 사람들이라고 말하는데, 이는 "말씀이 육신이 되어 우리 가운데 거하신" 방식과 완전히 다르지는 않다(요 1:13-14). 동정녀 출생을 암시한다고 느껴지지 않는가?

이번에는 예수님과 오만불손한 바리새인의 장황한 대화가 기록된 요한복음 8장으로 넘어간다. 그들은 그분을 걸고넘어지려고 교묘한 질문을 퍼부었다. 그중 유독 예리하게 비꼬는 말이 41절에 나온다. 교만하게도 그들은 자신들을 예수님의 혈통보다 높이려 했다. "우리가 음란한 데서 나지 아니하였고 아버지는 한 분뿐이시니 곧 하나님이시로다"(필시 이 말에는 '하지만 너에 대해서는 잘 모르겠다'는 의미가 내포되어 있다).

어이가 없다. 이 우롱을 들어 보라. 그분의 족보에 이의를 달고 있다. 그들은 예수님 출생의 신비에 대한 비열하고 솔깃한 쑥덕공론을 알고 있었던 것 같다. 소문에 따르면 아버지는 없고 어머니는 미혼이라 했다. 사실 후기 저작들은 바로 이 공격을 되풀이하며 예수님의 출생에서 성부 하나님이 아버지이심을 부인했다.[3]

요컨대 마가복음과 요한복음에 동정녀 탄생이 명시되지 않았다는 사실에 근거하여 비판자들이 내놓는 질문은 이것이다. 하나님이 이 중대한 사건, 성령님이 한낱 인간인 시골 소녀의 자궁 속에 성자 하나님의 생명을 기적적으로 넣어 주신 일을 복음서 저자 중 절반에게 굳이 알려 주지 않으셨다면, 어떻게 그들이 하나님의 감동으로 글을 기록했다고 볼 수 있겠는가?

이에 대한 우리의 반문은 이것이다. 세간에 알려진 그 이야기를 그들도 다 알고 있었으나, 다만 무엇에도 비할 수 없는 예수님을 똑같이 경이로운 다른 방식들로 표현하기로 한 것이 아닐까? 그럴 가능성도 똑같이 있지 않을까? 아니, 사실은 그럴 가능성이 훨씬 더 높지 않을까?

이것을 중시하여 저것을 생략하면, 무조건 핵심 교리에 대한 명백한 불일치인가? 네 가지 다양한 관점이야말로 복음서가 넷으로 존재하는 참 취지가 아닌가?

● **시범 사례 3** **기적인가 표적인가?**

마태복음에 나오는 예수님은 신성을 입증하기 위해 기적을 행하지 않으신다. 그러나 요한복음에서는 예수님이 사람들에게 자신의 참 정체를 확신하게 할 목적으로 비범한 일을 행하신다. 요한은 이를 단순한 '기적'과 대비하여 따로 "표적"이라 칭하기까지 한다.

마치 기적을 보는 양측의 관점이 정면으로 모순되기라도 한다는 듯 요한의 증언을 다른 세 복음서 저자들의 증언과 대치된다고 본다면, 이는 나무만 보고 숲은 보지 못하는 처사다. 또한 요한복음이 기록된 배후 동기를 무시하는 처사다.

앞서 말했듯이 요한은 이 책을 나머지 복음서보다 훨씬 늦은 시기에 썼다. 따라서 기존 문헌(또는 적어도 전승)을 더 확충했을 게 거의 확실하다. 우리 중 안드레아스는 요한이 마태복음과 마가복음과 누가복음에 나오는 모티프를 이어받아 신학적으로 더 발전시킨 사례로 최소한 스무 가지를 찾아냈다.[4]

요한이 사용한 "표적"이라는 단어도 그런 경우다. 다른 복음서에는 예수님이 병을 고치고 귀신을 쫓아내며 자연을 다스리신 일을 으레 "기적"으로 지칭했지만, 요한은 다음과 같은 신학적 논지를 밝히려 했던 것으로 보인다. 즉 그분이 이런 권능을 보여 주신 가장 중요한 목적은 단지 경탄을 자아내기 위해서가 아니라, 이를 힘입어 그리스도를 믿게 하려는 데 있었다. 예수님이 보여 주신 기적이 사람들을 놀라게만 하고 변화시키지 못한다면 장기적으로 무슨 유익이 있겠는가?

기적은 사람들에게 하나님을 가리켜 보이는 표지판이었다.

하지만 이전 세 복음서 저자들도 그런 개념을 모르지 않았던 것 같다. 마태복음에서 그분은 기적을 요구받고도 두 번이나 거부하셨지만(마 12:38-39, 16:1-4), 그 책에도 이 점만은 분명히 밝히셨다. 즉 그분이 의도하신 이적의 효과란 심령의 변화를 낳고 참된 믿음을 불어넣는 것이었다. 따라서 예컨대 "너희에게 행한 모든 권능을 두로와 시돈에서 행하였더라면 그들이 벌써 베옷을 입고 재에 앉아 회개하였으리라"(마 11:21)는 그분의 말씀은 기적의 목적이 바로 회개로 인도하는 것이라는 뜻이다. 누가도 예수님의 이런 말씀을 인용하여 그분의 초자연적 행위의 배후에 깔린 영원한 목적을 지적했다. "내가 만일 하나님의 손을 힘입어 귀신을 쫓아낸다면 하나님의 나라가 이미 너희에게 임하였느니라"(눅 11:20).

이렇듯 기적은 사실 언제나 표적이었다. 마태복음과 마가복음과 누가복음에서도 단어는 다를지언정 본질은 그랬다.[5] 그러면서도 예수님의 기적은 전혀 기계적이거나 한 차원으로만 국한되지 않았고, 따라서 그분은 그것을 재미와 구경거리로만 찾는 사람도 있음을 잘 아셨다.

그러므로 어떤 사람은 요한복음에서 '표적'과 '기적'의 엄청난 모순을 찾아내지만, 예수님은 그 책에도 다음 사실을 애써 보여 주셨다. 어떤 믿음이라도 불신보다야 낫지만 기적에 주로 의존하는 믿음은 늘 수준이 낮다는 것이다. 예컨대 어떤 사람이 도움을 청해 왔을 때 그분은 먼저 "너희는 표적과 기사를 보지 못하면 도무지 믿지 아니하리라"(요 4:48)는 말씀으로 그를 꾸짖으며 도전하셨다. 무엇보다 유명한 예는 '의심 많은 도마'가 부활하신 그리스도를 직접 눈으로 보고 나서 믿음을 고백했을 때 예수님이 보이신 반응이다. 그분은 "너는 나를 본 고로 믿느냐"라며 참으로 복된 사람은 "보지 못하고 믿는 자들"이라고 말씀하셨다(요 20:29).

요한은 세 복음서에 제시된 예수님 기적의 성격을 바꾼 것이 아니라 더 해석이 들어간 용어인 '표적'을 써서 신학적 깊이를 더했을 뿐이다. 그 신학적 깊이는 앞서간 사람들도 이미 공부했던 부분이다. 음악 용어로 표현하자면 요한은 완전히 새로운 선율을 창작한 게 아니라 다른 복음서에서 이미 들려오던 선율르 약간 다르게 조바꿈을 했을 뿐이다.[6]

역시 모순이 아니라 다양성이다.

● **시범 사례 4** **행위로 구원받는가, 은혜로 구원받는가?**

마태와 바울이 구원과 율법에서 서로 모순된다고 주장하는 사람이 있다.

좋다. 이 사례만 살펴보면 이번 단락은 끝난다. 그런데 이것은 약간 더 까다롭다. 끝까지 잘 견디면 추가 점수가 있다. 이미 증거를 충분히 보았다면 다음 단락("종합" 부분)으로 건너뛰어도 좋다.

"내가 율법이나 선지자를 폐하러 온 줄로 생각하지 말라"(마 5:17). 예수님은 산상수훈 앞부분에서 그렇게 말씀하셨다. "율법"은 망망대해 같은 구약성경을 가리킨다. 흔히 "율법과 선지자"로 잘 알려진 그것은 그 세대가 알았던 유일한 성경이다. 예수님은 오랜 세월 하나님의 백성을 인도해 온 이 옛 증언을 단지 약속된 메시아가 오셨다는 이유만으로(중대한 사건이긴 하지만) 둘둘 말아 내버릴 일은 없다고 선포하신다.

하지만 마태는 혹시 예수님의 말씀을 그 이상으로 비약하려 했던 것일까? "너희 의가 서기관과 바리새인보다 더 낫지 못하면 결코 천국에 들어가지 못하리라"(마 5:20). 마태가 예수님의 이 말씀을 기록한 요지는 혹시 모세 율법의 엄수가 이전보다 지금 더 결정적으로 중요해졌다는 게 아닐까?

바트 어만은 그렇게 보았다. 그는 마태의 붓을 통해 그렇게 쓰셨다는 하나님이 어떻게 바울에게는 다음과 같은 글을 기록하도록 지시하셨는지 이해할 수 없었다. "이제는 율법 외에 하나님의 한 의가 나타났으니"(롬 3:21).

어만에 따르면 "바울보다 25-30년쯤 후에 글을 쓴 마태가 혹시 바울 서신을 하나라도 읽었다면, 그가 보기에 바울 서신은 하나님의 감동으로 되기는커녕 아무런 감동도 주지 못할 것이다." 이유인즉 "마태의 생각에 예수를 따르는 사람들은 율법을 지켜야 했기 때문이다. 사실 그들은 가장 종교적인 유대인보다도 율법을 더 잘 지켜야 했다."[7] 반면에 어만이 계속해서 지적했듯이 바울은 "천국에 들어가려면…예수의 죽음과 부활을 통해서만 가능하다"라고 했다. 그것뿐이다. 율법을 지킬 필요가 없다. 사실 "이방인에게는 (예컨대 할례 같은) 유대인의 율법을 지키는 일이 엄격히 금지되었다."[8]

그러니 어쩌면 어만의 말에도 일리가 있을지 모른다.

정말 양쪽이 상충하는 것 같지 않은가?

그러나 늘 그렇듯이 사람이 모순을 찾으려고 대달리면 종종 눈이 멀어 나머지 정황을 놓칠 수 있다. 그러면 전혀 다른 결론에 이를 수 있는 명백한 단서를 무시하게 된다. 이번 사례에도 언뜻 눈에 보이는 것 이상이 있다.

첫째, 그들은 예수님 말씀을 절반만 읽고 있다. 그분이 마태복음 5장 17절에 하신 말씀의 요점은 구약의 율법을 '폐하지 않는' 게 아니라 '완전하게 하는' 것이다. 마태는 자신의 복음서에서 이 점을 누누이 강조했다(마 1:22, 2:15, 17, 23, 4:14, 8:17, 12:17, 13:35, 21:4, 27:9). 그의 말대로 예수님은 율법의 완성이요, 완전한 표현이다. 구약에 늘 예고된 율법의 온전한 성취이자 화신이 바로 그분이다. 그러므로 마태복음 5장 19절 "누구든지 이를 행하며 가르치는 자는 천국에서 크다 일컬음을 받으리라"는 율법을 형식적으로 준수하여 퇴보하라는 뜻이 아니라 마음에서 우러난 참된 순종으로 더 전진하라는 뜻이다. 그리스도가 율법을 성취하셨기에 이제 우리는 실제로 그렇게 살아갈 수 있다.

예수님은 율법 조문을 이행하라고 요구하시는 게 아니라 율법의 취지에 주목하신다. 율법이 성취되면 온전한 삶이 마음에서 행동으로 흘러나온다. 그래서 관건은 단지 살인이 아니라 분노고, 단지 간음이 아니라 정욕이며, 단지 이혼이 아니라 혼인 서약에 충실한 삶이다. 그렇게 하면 율법이 성취된다. 이런 관점에서 보면 이것은 바울과 비슷하다. 바울도 우리에게 사랑과 진리를 실천하며 주님을 닮으라고 명했다(고전 10:31-11:1, 빌 4:8-9).

둘째, 그들은 마태가 피력한 은혜를 간과하고 있다. 마태가 만일 율법의 준수가 이전보다 더 중요해졌다고 말할 일념에 불타 있었다면, 아마 예수님의 산상수훈을 필사할 때 "심령이 가난한 자는 복이 있나니"(마 5:3)라는 말로 시작하지 않았을 것이다. 그가 처음부터 묘사한 예수님은 사람들에게 각자의 절박한 영적 상태를 깨닫고 하나님께 고백하도록 촉구하신 분이다.

행위로 자신을 고치라는 말과는 분명히 다르다.

이어 마태복음 5장 전체에서 그분은 살인만이 아니라 살인을 낳는 분노까지 금하시고(21-22절) 간음만이 아니라 간음을 낳는 정욕까지 금하심으로써(27-28절) 인간의 절대적 무력함을 들추어내신다. 이는 다음과 같은 바울의 말에 대한 전조다. "의인은 없나니 하나도 없으며…모든 사람이 죄를 범하였으매 하나님의 영광에 이르지 못하더니"(롬 3:10, 23). 어느 저자의 말처럼 "바울이 로마서와 갈라디아서에 설명한 것을 예수님은 산상수훈에서 하신다."[9] 성경 어디를 보나 인류는 하나님의 도움과 호의가 필요한 존재며, 자신의 선행으로 그분의 선한 은혜를 얻어 낼 수 없다. 우리가 하는 모든 선행은 은혜의 결과지 은혜를 받는 조건이 아니다(엡 2:8-10).

셋째, 그들은 율법의 준행에서 그리스도의 초점인 동기와 태도를 놓치고 있다. 마태는 예수님이 율법을 재해석하시는 장면에 주목하는데 이미 5장에도 그런 예가 나온다. 그분은 38절에 출애굽기 21장 24절을 인용하여 율법의 가르침에서 무엇이 정달 우선인지를 밝히셨다. 5장 전체에서 보듯이 예수님은 율법을 그저 준수해야 할 규정으로 읽으신 게 아니라 마음의 태도까지도 율법의 요구에 따를 것을 강조하신다. 그분이 청중에게 요구하신 하나님 앞에서의 성실한 성품은 바울이 갈라디아서 5장 18-23절에 가르친 내용과 같다. 그리스도는 인간이 하나님에 대한 부도덕한 태도로 율법을 더럽혔다고 보셨다.

그러므로 이 시범 사례를 이렇게 요약하자. 사복음서와 바울 서신 사이에는 일각에서 말하는 것보다 유사성이 더 많다. 당신이 그것을 보았기를 바란다. 물론 일부 차이점도 있다.

그런데 만일 복음서의 어법이 바울의 모든 어법과 똑같다면, 자신의 처지를 가장 해명하기 어려운 사람이 누구인지 아는가?

바로 우리다.

생각해 보라. 예수님의 말씀을 듣던 (마태복음의) 사람들은 아직 그분의 죽음과 부활을 보기 전이었다. 심지어 제자들도 그분이 죽임을 당하고 다시 살아나실 거라는 말씀을 수시로 듣고도 말뜻을 알아차리지 못했다. 그분의 최측근이라는 사람들이 그랬다.

그러니 복음서 저자들이 예수님의 입을 빌려 그분 생애에서 핵심 사건인 죽으시고 장사되었다가 부활하신 일에 대해 완전히 정리된 신학을 내놓았다면, 당신의 종교학 교수가 뭐라고 말할지 상상해 보라. 그 사건은 아직 일어나기 전이었고 세계 역사나 누구의 경험에도 아직 들어오지 않았다. 그런데 그런 말이 진정성 있게 들리겠는가? 이는 마치 내년도 아카데미 시상식에서 어떤 여배우가 입을 옷을 지금 과거 시제로 말하는 것과 같다. 복음서 저자들은 모두 예수님이 이 땅에 사신 지 수십 년 후에 책을 썼는데도, 그분의 말씀을 더 바울의 말처럼 들리게 하려고 윤색하지 않았다. 그 사실 때문에 양쪽을 모순으로 보는 것은 억지다. 오히려 이것은 그들의 저작이 역사적으로 정확하다는 또 다른 증거며, 그들의 진실성과 정직성을 증언해 준다. 그들은 사실관계나 메시지를 고쳐서 개작한 게 아니라 (책임감 있는 해석과 더불어) 역사를 기록했다.

하지만 예수님의 죽음과 부활과 승천 이후에 바울이 등장했을 때는 역사의 지평이 완전히 달라져 있었다. 그때는 이미 십자가와 빈 무덤이 과거의 영원한 족적이 되어, 예수님이 죽으신 후에 그분을 따르던 사람들이 그 사건을 고찰하고 기술할 준비가 되어 있었다. 그래서 보다시피, 사고와 신학의 합리적 진전이 예수님이 이 땅에서 하신 말씀에서 나중에 바울을 비롯한 사람들이 그분에 대해 말한 내용 쪽으로 흘러간다.

다양성은 소중할뿐더러 미덕이기까지 하다.

그러나 다양성이 실제로 불일치하는 부분은 성경 어디에도 없다.

종합

어쩌면 당신도 세간의 이목을 끄는 사건의 재판 과정을 텔레비전에서 처음부터 끝까지 중계하는 광경에 빨려 든 적이 있을지 모른다. 검사가 사건을 구성하여 제시하면 변호사가 여러 증언과 증인을 대동해 반격한다. 결국 판사가 배심원단을 밀실로 보내 판결을 도출하게 한다. 이때 배심원단이 할 일은 무엇인가? 여태까지 청취한 모든 정보를 모아 전체 사건의 흐름을 하나로 매끄럽게 종합하는 것이다.

자료를 조화롭게 하는 작업이다.

증인석에 출두한 사람치고 사건에 개입된 모든 정황을 자초지종 시시콜콜 다 말한 사람은 아무도 없기 때문이다. 그래도 결국 배심원단은 조각조각 흩어져 있는 모든 증거를 애써 짜 맞추어, 합리적 시간 순서를 구성하고 머릿속에 사건의 경위를 재창조한다.

역사가도 늘 그런 작업을 한다. 고대사를 다룰 때는 기본적으로 그럴 수밖에 없다. 그들은 수십에서 수백 편에 달하는 책과 기사와 문서를 읽고, 녹음테이프와 강연과 인터뷰를 듣는다. 특정한 전쟁이나 시대나 운동이나 대통령 등 해당 주제에 대한 자료를 최대한 많이 수집하여 연구한다. 그리하여 마침내 실제로 있었다고 믿어지는 일을 종합하여 약술하되, 같은 시기에 발생한 다른 일과의 관계에서 모두 적절한 순서에 따라 제시한다.

이것은 조화와 합성과 통합이다.

그런데 어떤 사람은, 성경이 정말 하나님의 감동으로 기록되었다면 그렇게 조화롭게 하는 작업이 필요 없어야 한다고 말한다. 그런 책이라면 더할 나위 없이 명료하고 상세하여 아무런 의문이나 의혹이 생기지 않을 거라는 말이다. 성경 집필을 자신들이 맡았다면 분명히 이보다 잘해서 모든 부분을 완전히 일치하게 했을 것이며, 하나님이라면 그 정도는 하실 수 있어야 한다고 말한다.

과연 이것은 선거 연설로는 훌륭하다. 목적은 당신을 혼란에 빠뜨리고, 하나님의 허술한 약점을 잡았다는 기분이 들게 하는 것이다. 하지만 조화롭게 하는 작업이 역사가들 사이에 지극히 표준이라는 점과 성경 사건들이 까마득한 옛날에 있었다는 점을 고려한다면, 그들의 이런 사고방식 자체에 문제가 있다. 알렉산더 대왕이나 율리우스 카이사르나 모차르트나 베이브 루스(Babe Ruth)를 연구할 때는 용인되는 방법이 예수님과 성경에는 적용되지 않는 셈이다.

이유 없이 무조건 그렇다.

그래서 예컨대 예수님이 재판받으신 일만 하더라도, 그들은 마가의 기사(요점만 간단히 나온다)와 요한의 기사(대화와 절차가 훨씬 자세하다)를 종합하여 전체를 볼 재량을 허용하지 않는다. 그저 마가와 요한이 혼동해서 피차 어긋나므로 두 복음서가 조화될 수 없다고만 말할 뿐이다.

하지만 조화될 수 없는 이유는 무엇인가? 우리에게 허용된 책이 딱 한 권, 공인된 『예수 전기』뿐이며 그것이 전부라는 법이 어디 있는가? 하나님이 그분의 말씀을 감화하실 수 있는 방법이 어째서 그것뿐인가? 초대 교회가 그려 낸 그림은 훨씬 조화롭다. 실제로 그들은 사복음서를 마태와 마가와 누가와 요한이라는 네 증인에 '따라' 기록된 하나의 복음서로 보았다. "네 관점 한 복음"이다![10] 그들은 다양성을 원했고 다양한 관점을 좋아했다. 그 덕분에 예수님의 정체가 더 풍성하고 온전하게 그려졌다.

성경의 소위 '모순' 중 시간 순서와 관련된 부분을 평가할 때도 마찬가지다. 언제 어떤 일이 있었으며, 어떤 일이 먼저고 어떤 일이 다음인가? 왜 늘 똑같아 보이지 않는가? 왜 사건들이 늘 같은 순서로 제시되지 않는가?

복음서 시대의 고대 문헌은 늘 사건을 연대순으로 나열하기보다 주제별로 배열하는 데 주력했다. 엄연한 사실이다. 그래서 일례로 누가는 성전의 휘장이 찢어진 일을 예수님의 죽음 이전에 기록한 반면(눅 23:44-46) 마태와 마가는 예수님의 죽음 이후에 언급했는데(마 27:50, 막 15:37-39), 이렇게 배열을 달리한 이유는 아주 간단하다.

의식儀式 법에 따르면, 수를 많이 놓아 만든 그 휘장은 성전의 나머지 내부와 지성소를 구분하는 역할을 했다(대하 3:14). 오직 대제사장만 그것도 1년에 한 번 속죄일에만 지성소에 들어갈 수 있다는 상징이었다(히 6:7). 그러므로 성전의 휘장이 "위로부터 아래까지 찢어"진 일(마 27:51)이 예수님의 십자가 죽음과 시기적으로 겹쳤다는 것은 곧 그분의 죽음이 어떤 의미인지를 예리하게 상징해 준다. 즉 인간과 하나님 사이를 가로막고 있던 모든 장벽이 없어졌다는 뜻이다. 이는 웅대하고 실증적인 기적이다.

마가보다 훨씬 묘사가 풍부한 마태와 누가는 이 신기한 사건을 그 중대한 날에 벌어진 대낮의 칠흑 같은 어둠, 바위를 터뜨린 요란한 지진, 부활하여 무덤에서 나온 시신들 같은 다른 우주적 표적들과 일부러 나란히 묶어서 일정한 순서 없이 제시했다. 사건을 연대순으로 정리하려는 가중된 부담은 현대인의 사고방식에 더 어울린다. 우리는 사건을 연구하고 제시할 때 대개 그런 식으로 처리한다. 하지만 우리의 직선형 관점을 고대 저자들에게 강요하는 것은 약간 교만하고 매정한 일이다. 그들은 역사의 방향을 그런 식으로 잡는 데 익숙하지 않았다. 순서의 유연성은 고대 문헌에 다반사로 존재한다. 거기에 괜히 놀라는 척하려면 회의적 학문을 곧 훌륭한 학문으로 등식화해야만 한다.

이 저자들은 거짓말을 한 게 아니다. 이번 경우만 아니라 예수님의 생애에서 시간 순서가 다소 어긋나 보이는 다른 모든 경우에서도 마찬가지다. 그들과 그 당시 청중과 독자는 오늘날 우리가 집착하는 것에 별로 구애받지 않았다.

이것은 불일치가 아니라 다양성이다. 저자의 선택에 따라 어떤 세부 사항을 그냥 순서대로 쓰기보다 더 관련되어 보이는 다른 주제에 편입시켰을 뿐이다. 이런 선택은 저자의 마땅한 권리다.

물론 조화롭게 하는 작업은 때로 꽤 어수선한 과정일 수 있다. 그 점은 우리도 인정한다. 하지만 이번 장에서 쭉 살펴보았듯이, 성경이 왜 지금의 모습을 하고 있는지 각 사례마다 탄탄한 논증을 제시할 수 있다.

'하나의' 큰 문제

바트 어만이 생각하기에 모든 모순 중 압권은 사실 썩 중요하지는 않지만 분명히 약간 헷갈리는 한 인용과 관계된 것이다. 그는 이것을 알고 나서 자신에게 "수문이 열렸다"고 말했다.[11] 그 인용은 흥미롭게 조사해 볼 만하긴 하다. 하지만 어만은 이것이 엄청난 비약의 근거가 되기에 충분하다고 판단했고, 그래서 이전 믿음을 버리고 더는 성경을 하나님의 감동으로 된 책으로 믿지 않게 됐다.[12]

그의 신앙이 낙타의 등이었다면, 이 문제가 그 낙타를 주저앉힌 마지막 지푸라기였다.

우선 배경으로 (당신도 알겠지만) 사복음서는 서로 완전히 다르지는 않다. 특히 마태복음과 마가복음과 누가복음, 즉 공관복음(그리스어 두 단어가 합성된 말로 '함께 본다'는 뜻)에는 예수님 생애에서 일어난 많은 이야기가 두 군데나 때로는 세 군데에 모두 등장한다. 책마다 거의 단어 하나까지 똑같기도 하고, 약간 다를 때도 있으며, 더 중대한 차이를 보이기도 한다.

마태복음 12장 1-8절과 마가복음 2장 23-28절과 누가복음 6장 1-5절에는 예수님과 제자들이 안식일에 밀밭 사이를 지나간 이야기가 나온다. 제자들이 가면서 배가 고파 밀 이삭을 잘라 먹었는데 하필 그날은 안식일이었다. 그것이 트집 잡기 좋아하는 바리새인의 눈에 띄어, 예수님과 제자들은 율법을 어기고 중한 죄를 지었다는 비난을 받았다.

이 비난에 대응하여 예수님은 1천 년 전 다윗의 젊은 시절에 일어난 한 장면을 떠올리게 하셨다(삼상 21:1-6). 다윗이 젊은 부하들과 함께 배가 고파 대제사장의 처소에 들렀으나 집 안에 빵이라고는 하나님을 예배하는 데 바쳤던 거룩한 빵밖에 없었다. 하지만 제사장은 그들에게 신성한 빵을 일단 내주었다.

사무엘상 21장에 따르면 이 제사장의 이름은 아히멜렉이다.

그런데 마가의 기록은 다르다.

복음서 저자 중 유독 마가만 이 사건을 기록할 때 예수님이 언급하신 구약 이야기를 아비아달이라는 제사장이 봉직하던 때 있었던 일로 소개했다(막 2:26).

그러니 어느 쪽이 맞는가? 아히멜렉인가 아비아달인가?

문제다.

다시 말하지만 이것이 결정타가 되어 바트 어만은 기독교 신앙을 등졌다. 지구 대기권의 화학 성분을 창조했고 유지하신다는 하나님이 복음서 저자가 같은 글자로 시작되는 대제사장 명단에서 엉뚱한 이름을 고르는데도 그것 하나 막으실 수 없다면, 어찌 그분을 전지전능하다고 믿을 수 있단 말인가?

모순의 예를 보고 싶은가? 각 복음서가 서로 조화될 수 없고, 그 속의 모순이 절대 무마될 수 없는 이유를 알고 싶은가? "여기 그 답이 있다"고 어만은 말한다.

아히멜렉과 아비아달에 조화란 있을 수 없지 않은가!

좋다, 분명히 두 이름을 혼동했을 수도 있다. 원래부터는 아니더라도 중간에 언제라도 그랬을 수 있다. 누구라도 알 만한 합리적 설명이다.

하지만 경우의 수가 그것 하나뿐인가? 다른 어떤 가능성도 전혀 생각할 수 없는가?

여기 두 가지를 제시한다.

마가복음 2장 26절 "아비아달 대제사장" 바로 앞에 쓰인 짤막한 그리스어 단어 'epi'는 대개 영어에서 'upon'으로 번역된다(개역개정에는 "때에"로 의역되었다-역주). 하지만 여기서는 그렇게 직역하면 별로 의미가 통하지 않는다. 그러면 아비아달 대제사장과 그 전치사의 관련성이 모호해지기 때문이다. 외국어를 배워 본 사람은 누구나 알듯이 대개 단어들은 의미의 폭이 넓다. 언제 어떤 의미로 써야 할지 분간하는 게 까다롭다. 그렇다면 여기서 'epi'의 의미가 'upon'이 아니라면 무엇일까? 주로 두 가지 의미로 쓰인다.

- **가능성1 시기**

이 단어는 사건이 발생한 시기를 가리킬 수 있다. 아이젠하워 시대나 마이클 조던 시절을 지칭할 때와 비슷하다. 매번 정확히 규정된 기간은 아니지만 역사 속의 대략적 시기에 더 가깝다. 아비아달은 사무엘상 22장에 사울 왕이 광적으로 제사장들을 학살할 때 유일하게 살아남은 사람으로, 그 시대 대제사장 중 단연 지명도가 높았다. 따라서 그는 1세기 마가의 청중에게 가장 빠른 접촉점이 되었을 것이다. 아히멜렉보다는 그랬다.

누가복음 3장 2절에도 비슷한 예가 나온다. 거기 보면 예수님이 사역하시던 시기에 안나스와 가야바가 둘 다 대제사장이었다고 되어 있으나 실제로 두 사람이 동시에 공식 대제사장이었던 적은 없다. 하지만 아무도 누가가 오류를 범했다고 정당하게 비난할 수 없다. 가야바가 현직 대제사장으로 있는 동안 그의 장인인 안나스도 여전히 중요한 사람으로서 '대제사장'이라 불릴 수 있었기 때문이다. 미국의 대통령들이 아직 취임하기 전이나 퇴임한 후에도 시종 '부시 대통령', '클린턴 대통령'이라 불리는 것과 비슷하다. 마가라고 그래서는 안 될 이유가 무엇인가?

- **가능성2 위치**

그 단어는 인용된 일화가 등장하는 구약성경의 자리나 위치를 가리킬 수도 있다. 마가가 글을 쓸 때만 해도 성경은 아직 장절이 구분되어 있지 않았다. 따라서 기존 히브리 성경의 이야기를 언급할 때는 독자들에게 위치를 대강 말해 줄 수밖에 없었다. 마가복음 12장 26절에도 그는 똑같이 한 적이 있다. 그가 인용한 예수님의 말씀은 "너희가 모세의 책 중 가시나무 떨기에 관한 글에…읽어보지 못하였느냐"라고 되어 있다. 그는 '출애굽기 3장에'라고 기록하지 않았다. 언급하던 두루마리 대목이 대략 하나님이 모세에게 처음 나타나셨던 그 어간임을 사람들에게 알려 주었을 뿐이다. 아비아달이 성경에 처음 등장하는 곳은 복음서에 인용된 일화가 나온 바로 뒤다. 따라서 마가는 그 위치를 독자들에게 더 선명히 부각하려고 아비아달의 이름을 썼을 수 있다.

확실히 그렇다고 말할 수 있을까? 아니다. 하지만 이상 이 두 가지 이유는 적어도 합리적인 가설이라고 말할 수는 있다.

정말 어만이 아히멜렉과 아비아달을 둘러싼 표현상의 혼란 때문에 성경을 외면하게 되었다면, 우리는 그가 아직 마음을 열고 다른 개연성을 생각해 보기를 겸허히 바란다. 성경에 있다고들 비난하는 다른 모든 모순과 마찬가지로, 이번 문제도 단순히 회의론자들의 말처럼 그렇게 흑백논리가 아니기 때문이다.

왜 우리는 성경이 약간만 화음을 넣어 노래를 불러도 듣지를 못하는가?

반복 교육

어떤 사람은 다양할 자유를 옹호하면서 성경 속에 존재하는 다양성만은 용납하지 않는다. 어떤 사람은 기독교가 너무 조화롭지 못하다고 비난하면서 성경을 일관성 있게 조화롭게 하려는 작업을 허용하지 않는다. 어떤 사람은 신앙을 고수하는 우리를 한없이 어리석게 여기면서 기본 예의조차 지키지 않으며 우리의 상식적 접근을 차단해 버린다.

다음 비유를 보면 그 말이 무슨 뜻인지 알 것이다.

잠시 당신이 어떤 밴드나 뮤지션의 열성 팬이라고 가정해 보자. 그러면 어느 해에는 (시간과 돈이 있다면) 서너 번까지라도 그들의 순회공연을 따라다닐 수 있다. 그래서 당신은 내슈빌과 애틀랜타와 올랜도에서 콘서트를 보았고, 한 번은 집에서 아주 멀리 떨어진 캘

리포니아에까지 갔다. 당연히 공연마다 부른 곡은 비슷했다. 곡의 순서도 거의 같았고 짤막한 대사나 농담도 얼추 같았다. 하지만 당신이 워낙 쇼의 전체 흐름을 훤히 꿰고 있다 보니, "요즘 이곳 시카고 컵스팀의 활약은 어떤가요?"와 같이 그들이 현지 청중에게 맞는 농담을 던지거나 콘서트 내용을 이전 것과 약간 다르게 조정하면 금세 그것을 알아차렸다. 솔직히 공연장에 직접 가 있는데도 매번 똑같은 '라이브' 녹음을 듣는 것과 같았다면 당신은 오히려 실망했을 것이다.

강경파 회의론자는 성경에 기록된 예수님의 삶을 대할 때, 마치 '일회적' 사건만 모아 놓은 것처럼 대하는 잘못을 자주 범한다. 특정한 주제에 관한 예수님 말씀, 행동, 가르침이 어느 한 성읍이나 정황에서 딱 한 번만 있었다는 것이다. 따라서 예수님의 말씀을 상기할 때 사용된 단어가 복음서마다 하나라도 다르다면, 이는 명백히 성경에 그분의 발언이 잘못 인용된 것이 된다(그러니 '하나님의 영감'을 논증하는 우리에게 썩 도움이 되지 않을 게 뻔하다).

하지만 그렇게 가정해야 할 이유가 무엇인가? 예수님이 특정한 주제에 대해 여러 상황에서 여러 차례 말씀하셨을 것이라는 생각이 어째서 이상한가? (위에 말한 순회 밴드처럼 그분도 순회 설교자였음을 잊지 마라.) 그 당시에는 예수님의 말씀을 직접 듣지 못하는 사람들이 SNS를 확인하거나 나중에 뉴스로 그분 말씀을 확인할 수 없었다. 과연 그분은 새로운 성읍에 가실 때마다 완전히 새로운 내용만 말씀하셨을까? 게다가 그분은 대상이 바뀌어도 전달 방식에 일체의 변화를 주지 않으실 정도로 인품이 모자라거나 각 청중에 대한 인식이 부족하셨을까?

여느 훌륭한 교사처럼 그분도 종종 반복해서 가르치지 않으셨을까? 듣는 사람의 머리와 가슴에 더 잘 새겨질 수 있도록 전하려는 원리를 거듭 강조하지 않으셨을까? 아울러 이전에 말씀하셨던 진리라 하더라도 사건에 실시간 반응하여 현 상황에 맞게 표현하지 않으셨을까?

당연하다. 오히려 그것이 더 논리적이다.

이런 '모순'의 대표적 사례로 마태복음 12장 30절 "나와 함께 아니하는 자는 나를 반대하는 자요"와 마가복음 9장 40절 "우리를 반대하지 않는 자는 우리를 위하는 자니라"에 나오는 예수님 말씀을 들 수 있다. 양쪽 구절을 다시 읽어 보라. 표현 차이가 금방 눈에 띌 것이다.

하지만 표현 자체만 읽어서는 안 되고 문맥을 살펴야 한다.

마태복음에서 예수님은 바리새인에게 말씀하셨다. 그들은 귀신을 쫓아내는 그분의 능력이 사탄에게서 왔다고 수군거렸다. 그러나 마가복음에서 예수님은 제자들(본문의 "우리")에게 말씀하셨다. 제자들은 단결된 자기네 무리에 속하지 않은 그리스도의 다른 추종자가 예수님의 이름으로 귀신을 쫓아내는 것을 보고 불평했다. "저 사람은 이 일이 우리의 소관임을 모른단 말인가?" 그래서 그들은 그

추종자를 말리려 했다. 이렇듯 마태복음과 마가복음에 기록된 예수님의 두 말씀은 메시지가 유사하긴 하지만, 같은 시점에 같은 의도로 같은 청중에게 주어진 말씀이 아니다.

이어서 누가가 이 과정에 끼어들어 우리 논증을 더없이 명백하게 지지해 준다. 실제로 그의 책에는 두 이야기가 모두 실려 있는데(눅 9:50, 11:23), 이는 그가 거기서 아무런 모순이나 괴리도 보지 못했다는 증거다! 따라서 만일 이 두 말씀이 어떻게든 어긋난다면 누가는 자가당착을 범한 셈이다.

성경의 또 다른 유명한 '모순'은 예수님이 운명하시던 순간 로마 백부장 입에서 나온 믿음의 진술인데, 이 경우는 문맥보다 저작의 취지와 더 관련이 깊다.

복음서 저자들은 자신의 작품이 훗날 성경에 실리기를 바라며 출판사에 원고를 넘긴 게 아니다. 그 점을 잊어서는 안 된다. 물론 우리는 하나님의 영이 그들을 인도하여 글을 쓰게 하셨다고 믿는다. 하지만 성령의 감화라는 동기를 누군가 배제한다 해도, 저자들은 각자 나름대로 역사를 집필하는 이유가 있었다.

- 예컨대 마태는 유대인의 관점에서 기록하면서 예수님이 예부터 예언된 메시아임을 알리고자 했다.
- 마가는 자신의 복음서 전체에 예수 그리스도를 권위 있고 능력 있는 하나님의 아들로 기술했다.

- 누가복음은 사도행전과 함께 2부작을 이루는 역사서 중 제1권으로, 그리스인 청중에 특별히 더 초점을 맞추었다. 즉 비신자에게 예수님의 권위와 진정성을 입증한 책이다.
- 요한은 예수님의 신성을 부각하면서 그분을 믿고 그분을 알며 영생을 받아들여야 할 필요성을 강조했다.

그래서 마가는 백부장을 언급하면서 예수님에 대해 백부장이 한 말을 이렇게 인용한다. "이 사람은 진실로 하나님의 아들이었도다"(막 15:39). 그리스도가 누구인지를 마가 자신의 논조에 맞게 보여 준 것이다. 누가가 같은 장면을 기록하면서 인용한 백부장의 말은 이렇다. "이 사람은 정녕 의인이었도다"(눅 23:47).

이 둘은 서로 모순인가?

한 주석가가 지적했듯이 "'하나님의 아들'이라는 호칭에 당연히 '의인'의 신분이 암시되어 있어, 이 경우 두 표현이 혼용되어도 무방하다.…마가가 선호한 주제가 '하나님의 아들'이었고 누가의 관심이 예수님(과 그리스도인들)의 결백을 당국에 입증하는 것이었음을 고려한다면, 이런 차이를 얼마든지 이해할 수 있다."[13]

요컨대 사복음서는 때로 세부 사항에 차이를 보이는가? 그렇다. 하지만 그것이 성경에 모순이라는 족쇄를 채우는가?

다시 말하지만 전혀 그렇지 않다.

예수님이 진화했다는 신화

마지막으로 모순과 관련된 중요한 문제가 하나 남아 있다. 이것이 중요한 까닭은 관련 주제들의 구심점이 되는 다음과 같은 회의를 당신이 종교학 수업에서만이 아니라 문화 전반에서도 늘 듣기 때문이다. 바로 예수님이 진정한 인간이자 위대한 스승일 수는 있으나 그렇다고 하나님이라는 의미는 아니라는 것이다.

자유주의로 기울어진 일부 성경학자가 내린 결론에 따르면, '그리스도의 신성'이라는 교리는 예수님에게서 시작된 게 아니라 나중에 그리스 문화의 압력에 대응하여 덧붙여진 것이라고 한다. 그 문화에서는 판테온(제우스, 포세이돈, 아테나 등의 모든 신)이 예배의 중심을 이루었다. 따라서 그리스도인이 1세기 백가쟁명*에 영향을 미치려면 그리스도('기름부음을 받은 자')만으로는 안 되고 신이 필요했다.

그래서 회의론자들은 예수님의 추종자로 알려진 인물들이 결국 다음과 같은 말을 해야 할 필요성을 느꼈다고 주장한다.

"비록 하늘에나 땅에나 신이라 불리는 자가 있어 많은 신과 많은 주가 있으나 그러나 우리에게는 한 하나님 곧 아버지가 계시니 만물이 그에게서 났고 우리도 그를 위하여 있고 또한 한 주 예수 그

---

*   많은 학자나 문화인 등이 자기의 학설이나 주장을 자유롭기 발표하여 논쟁하고 토론하는 일.

리스도께서 계시니 만물이 그로 말미암고 우리도 그로 말미암아 있느니라"(고전 8:5-6).

"그는 보이지 아니하는 하나님의 형상이시요 모든 피조물보다 먼저 나신 이시니 만물이 그에게서 창조되되 하늘과 땅에서 보이는 것들과 보이지 않는 것들과 혹은 왕권들이나 주권들이나 통치자들이나 권세들이나 만물이 다 그로 말미암고 그를 위하여 창조되었고 또한 그가 만물보다 먼저 계시고 만물이 그 안에 함께 섰느니라"(골 1:15-17).

"하늘에 있는 자들과 땅에 있는 자들과 땅 아래에 있는 자들로 모든 무릎을 예수의 이름에 꿇게 하시고 모든 입으로 예수 그리스도를 주라 시인하여 하나님 아버지께 영광을 돌리게 하셨느니라"(빌 2:10-11).

오늘날 예수님을 하나님의 아들로 믿을지는 각자가 정할 수 있지만, 여기 제시된 회의론자의 논리를 따르기는 어렵다. 복음서 이후에야 예수님의 정체에 신성이 부여되었다는 개념 자체가 말이 안 된다. 그것은 위에 인용된 고린도전서와 골로새서와 빌립보서 말씀이 복음서보다 먼저 기록되었기 때문이다.

그렇다면 적어도 AD 50년대 중반과 60년대 초반에(사실은 분명히 훨씬 더 일렀을 것이다) 그리스도인들이 이미 그리스도를 하나님의 아들 곧 미리 존재하신 신으로 대하고 있었다는 뜻이다. 리처드 보컴은 "예수님의 신성을 고백한 일은 신약성경이 기록되기 전부터 초대 교회 신앙의 핵심이었다"라고 썼다. 성경 전반과 세월의 흐름 속에서 그런 사고의 진전을 추적할 수는 있으나 "그분의 신성을 인정한 결정적 걸음은 처음부터 내디뎌졌다"라고 그는 말한다.[14]

실제로 그보다 훨씬 전부터 시작되었음을 볼 수 있다.

영국인 학자 N. T. 라이트 N.T.Wright는 출애굽기, 레위기, 사무엘상, 열왕기상, 이사야 등의 본문은 물론 다른 고대 문헌까지 파헤쳐 가며 구약을 탁월하게 심층 연구했다. 이를 통해 우리는 1세기 유대인이 하나님과 그분이 세상에서 행하시는 일을 어떻게 이해했는지 좀 더 잘 알 수 있다.[15] 그의 연구로 밝혀진 '충분한 증거'에 따르면, "재건된 성전 시대의 유대인으로서 이 문제를 조금이라도 생각해 본 사람은 대부분 여호와께서 돌아오셔서 옛 왕조 시대처럼 예루살렘 성전 안에 다시 거하실 날을 고대했다."[16]

(여호와는 히브리어로 하나님의 이름이며 '야훼'로 읽기도 한다.)

라이트에 따르면 1세기 유대인은 하나님과 그분이 행하시는 일을 말할 때 성전, 토라(율법), 지혜, 로고스(말씀), 성령 등 몇 가지 구체적인 방식으로 했다. 그래서 그는 "이런 말하는 일정한 방식을 염두에 두고 복음서를 대하면, 예수님이 마치 그 다섯 가지가 자신의 삶을 통해 새롭게 실현되고 있는 것처럼 행동(말씀만 아니라 행동)하심을 볼 수 있다"라고 했다.[17] 예컨대 예수님은 자신을 성전으로 표현하셨다(특히 막 14:58). 또 구약의 율법을 친히 성취하신다고 선포하셨고, "권위 있는 자와 같이" 말씀하셨으며(마 7:29), 말씀의 화신으로서 가르치셨고, 성령으로 말미암아 사셨다. "물론 예수님이 다니시면서 '내가 삼위일체의 제2위격이니 믿든지 말든지 알아서 하라'고 하신 것은 아니다. 정말 복음서를 그렇게 읽어서는 안 된다. 그보다 복음서를 1세기 역사가의 시각에서 읽으면 예수님이 행동하신 방식이 결국 이런 말로 종합된다. '하나님이 오셔서 그분의 백성과 함께하신다는 이 위대한 이야기 전체가 나를 통해 그대로 이루어지고 있다.'"[18]

행여 제자들은 이를 몰랐더라도[예수님 생전에는 대체로 몰랐다(참고 막 6:52, 7:18, 8:33)] 그분을 거부하고 불신한 종교 지도자들은 명확히 알았다. 예수님이 마가복음 14장 62절에(마태복음 26장 64절과 누가복음 22장 69절도 같다) 자신이 하나님과 함께 하늘에 앉으실 것을 그들이 보리라고 말씀하셨을 때, 그들은 그것이 신성을 주장하는 발언임을 알았다.[19] 그리스도인이 나중에 그런 운동을 펼치지도 않았거니와, 이들 종교 지도자들은 그때까지 20-30년을 기다릴 필요도 없었다.

또는 바울이 예수님이 자신에게 나타나신 사도행전 9장의 사건을 어떻게 이해했는지 생각해 보라. 그는 그분이 주님이시며 자신이 그분을 뵈었다는 사실을 즉시 알았다. 앞서 보았듯이 AD 50-60

년대에 그가 예수님을 하나님으로 제시하면서 기술한 믿음이 바로 그 믿음이다. 하지만 그 실체를 체험한 때는 30년대였다!

물론 그렇다고 해서 (나중에 기록된) 요한복음이 그리스도의 신성에 관한 고찰에서 어만을 비롯한 다른 사람들의 주장처럼 다른 복음서에서보다 훨씬 명료하다는 사실은 달라지지 않는다. 하지만 그것은 공관복음에도 어엿이 "씨앗의 형태로" 제시되어 있다가 나중에 성육신에 대한 더 온전한 이해로 활짝 피어났다. "씨앗과 전체 유전자 부호는 이미 있었고 거기서 훗날에 있을 성장이 이루어졌다."[20] 바울의 체험과 저작도 이 사실과 정확히 맞아떨어진다.

성경에서 예수님은 처음부터 늘 하나님이시다.

모순은 없다.

모순이 통제된다

이제 마무리하자.

성경과 성경 역사는 물론 사실상 모든 연구 분야에 접근할 때 늘 피해야 할 양극단이 있다. 증거가 없거나 미미한데도 무엇이든 덥석 믿는 생각 없고 가벼운 믿음과 그것의 음침한 쌍둥이인 회의론이다. 바트 어만 같은 경우는 전자에서 후자로 맞바꾸기를 한 것 같다. 그래서 이제 그에게 물음표는 무조건 느낌표가 되었다.

모순 천지가 된 것이다.

하지만 공식적으로 분명히 해 두자. 성경, 특히 신약은 사실 세 가지 핵심 주제를 중심으로 이루어져 있다. 1) 유일신이 존재하신다. 2) 예수님이 메시아이자 높임을 받으신 주님이시다. 3) 복음을 선포하는 일이 기독교 공동체에 맡겨졌다.[21] 물론 다른 공통된 주제도 있지만 이 세 가지가 성경 내러티브의 주요 기둥으로 일관되게 등장한다. 따라서 어느 저자가 말했듯이 "우리가 던져야 할 질문은 이 책들이 모두 똑같은 것을 말하는지가 아니라 모두 똑같은 예수를 증언하는지다."[22] 모든 객관적 기준으로 보건대 답은 놀랄 정도로 그렇다.

초대 교회는 신약 문서의 다양성을 불리한 요소가 아니라 유리한 요소로 보았다. 그들은 사복음서를 없애고 예수님의 생애를 둘러싼 사건들의 독점적 증언으로 하나의 공식 버전만 떠받들기로 공모하지 않았다. 어느 한 자료가 아무리 상세해도, 그보다는 서로 다른 역사적 자료 네 편이 그리스도를 더 풍성하게 그려 내는 데 훨씬 유익하다는 사실을 그들은 알았다.

하나님이 그렇게 하신 결과로 우리에게 이번 장에 제시된 것과 같은 의문이 남는가? 물론이다. 그러나 다시 말하지만 이런 의문의 답은 어떤 사람이 당신에게 주입하려는 것처럼 그렇게 흑백논리가 아니다.

우리 의견이 절대적으로 옳다고 확실하게 입증할 수 있는가? 아니, 늘 그런 것은 아니다. 하지만 우리 의견이 틀렸다고 입증할 수 있는 사람도 없다. 우리와 의견이 다른 사람들을 깎아내릴 생각은 없다. 하지만 우리가 내린 합리적 결론이 모순이고 억지며 규칙에 어긋난다고 단정할 이유는 무엇인가? 그 결론에 담긴 신앙을 사람들이 설령 버린다 할지라도 말이다.

이 부분에서 느껴지는 긴장은 여러모로 우리에게 하나님과 그분의 목적에 대해, 인류 역사를 완성하려는 그분의 의지에 대해 많은 것을 말해 준다. 어떤 비판자는 하나님이 모든 문헌 역사에서 그분 책의 독특한 위상을 주장하실 거라면, 성경이 그만큼 독특한 온갖 정밀검사를 통과해야 한다고 말한다. 사실 그동안 그런 검사가 얼마나 많았던가! 다른 어떤 기록물도 진정성을 따지는 조사를 이렇게 많이 받고도 당당히 살아남은 예는 없다. 얼마든지 좋다. 무엇이든 가져오라! 하지만 하나님은 얼마나 놀랍고 뜻이 깊으신 분인가! 그분은 미지의 초현실적 소통의 세계에 홀로 존재하는 신비의 말씀을 지어내신 게 아니라, 평범한 사람들을 택하여 당대의 평범한 규칙과 관습에 따라 평범한 방식으로 글을 쓰게 하셨다.

그거야말로 얼마나 더 진정성이 있는가!

많은 사람이 알다시피, 죄 사함, 순결한 삶, 천국의 약속같이 우리가 개인적으로 경험하는 복음이 종종 험난하고 불안정하며 때로 달갑지 않게 느껴진다. 처음에 그것은 그리스도가 흘리신 피가 우리에게 필요해서 시작되었다. 그런데 지금은, 그분의 사랑에 붙들려 있는데도, 복음에 담긴 전복된 의미를 삶으로 실천하려면 우리의 타고난 저항이 계속 마찰을 일으킨다. 하지만 가장 좋은 길이 무엇인지 때로 모른다 해서 믿음으로 진리를 볼 수 없다는 뜻은 아니다. 아울러 좌충우돌, 하나님을 배우며 그분의 속성과 성품을 본받으려는 우리를 그분은 무한한 인내로 오래 참아 주신다.

이와 비슷하게, 학자든 학생이든 때로 성경과 만나는 일은 껄끄러운 불협화음 같거나 이해하기 어려운 일처럼 느껴질 수 있다. 그래도 진리에 마음을 열고 탐색하면, 자신의 상황에서나 타인을 대할 때 큰 평안을 얻을 수 있다. 그러려면 무조건 덮어놓고 믿는 게 아니라 전적으로 합리적이라서 믿어야 한다.

정당한 다양성은 바로 이런 방식으로 회의적 불일치의 주장에 맞서 자신의 견해를 고수할 수 있다. 공정한 기본 규칙대로 겨룰 수만 있다면 모순은 점차 하나씩 떨어져 나갈 것이다.

토의 질문

1 다양성과 모순은 서로 어떻게 다른가?

2 당신과 친구가 같은 이야기를 다르게 전했던 경험이 있는가? 둘 중 하나가 사실을 잘못 알았는가, 아니면 이야기하는 방식이 달랐을 뿐인가?

3 예수님은 돌아다니며 다양한 집단에게 말씀을 전하셨다. 이런 순회 사역 때문에 복음서에 차이가 생겼다고 볼 수 있겠는가? 우리는 복음서들의 차이점을 어떻게 받아들여야 하는가?

5장

바트 어만[1] 물론 사람들, 특히 노스캐롤라이나 출신인 내 열아홉 살 된 학생들이 오해하는 것 중 하나는 우리가 성경을 읽을 때 실제로 마태나 마가나 누가나 요한이나 바울의 말을 읽는 게 아니라는 점이다. 우리가 읽는 것은 이들이 남긴 원문의 역본이다. 신약의 어떤 책이든 원본은 우리에게 없기 때문이다. 우리에게 있는 것은 여러 세기 후에, 대부분 많은 세기 후에 만들어진 사본이다.

성경은 정말 원본이 없는가?

그렇다면 복사본이 사실을 말할 수 있는가?

마크 로버츠[2]

어만의 책 『성경 왜곡의 역사』의 취지는 신약 본문에 대한 확신을 약화하는 것이지만 오히려 다음 사실을 예증해 준다. 성경 사본은 워낙 개수도 많고 오래되었기 때문에 거기에 본문 비평이라는 방법론을 적용하면, 복음서를 비롯한 신약의 저자들이 원래 뭐라고 썼는지 알 수 있는 개연성이 아주 높아진다.

지금의 성경은 어떻게 생겨났을까?

정경 구성에 대한 이야기가 아니다. 그거라면 3장에서 다루었다. 이번 장은 지면 어휘, 문장 구조, 읽히는 방식 등에 대한 이야기다. 이런 부분은 모두 어떻게 그때부터 지금까지 오랜 세월을 통과해 왔을까?

물론 성경은 마술처럼 하늘에서 떨어지지 않았다. 영어로 기록되고, 12폰트 명조체로 인쇄되고, 총천연색 지도가 첨가되고, 가죽 표지(또는 가죽처럼 보이는 합성 비닐)로 제본된 게 아니다! 하지만 오늘날 성경을 가지고 다니는 사람들은 대부분 이런 생각을 별로 해 보지 않았을 것이다.

당신은 어떤가?

처음에 성경은 어떤 모습이었을까? 특히 초창기에 어떻게 복제되어 제작되었을까? 세월이 가도 일관성과 정확성을 잃지 않도록 품질 관리가 시행되었을까? 오늘의 성경에 혹시 오류나 오자가 있을 수 있을까? 원래 저자들이 기록했던 내용을 전적으로 살려 냈다고 확신할 수 있을까? 그것을 어떻게 아는가? 어떻게 알 수 있는가?

바트 어만의 주장처럼 이런 질문만으로도 이미 성경의 진정성을 의심하는 사람이 있다. 하지만 우리도 똑같은 질문을 해 보았는데 그와 반대로 하나같이 성경에 대한 신뢰가 더욱 굳어졌다.

그것이 이번 장의 주제다. 아니, 우리는 성경 본문을 보존해 온 힘겨운 복제 과정이 실제보다 더 안전했더라면 하고 한탄하지 않는다. 다른 모든 분야의 학자들은 그럴지 몰라도 우리는 그렇게 둘러대며 발뺌할 일이 없다. 물론 하나님은 최첨단 속성 인쇄소에서 원본을 그대로 찍어 내지 않으셨다. 그러나 곧 보겠지만 그렇다고 성경에서 그분의 지문이 말끔히 지워지는 것은 절대 아니다.

자, 그럼 우리가 아는 부분에서부터 시작해 보자.

지금은 뭔가를 복제하려면 스캔하거나 인쇄하거나 복사기 유리 위에 놓으면 된다. 그러면 입력한 그대로 나온다. 토씨 하나까지 원본과 똑같다. 하지만 성경은 현대 사무기기가 등장하거나 심지어 1400년대에 구텐베르크가 인쇄술을 발명하기 전에도, 이미 미래를 향한 여정에 올라 손으로 공들여 필사되고 있었다.

그래도 솔직히 복사기처럼 정확할 수는 없다.

당신이 이 책 한 부분에서 몇 천 단어만 손으로 베껴 쓴다고 생각해 보라. 아무리 조명이 좋고 필기도구가 새것이어도, 작업을 완수하여 볼품 있게 만들어 내고 무엇보다 중요하게 조그만 실수라도 막아 내려면 엄청난 집중력과 수완이 필요함을 금세 깨달을 것이다. 나중에 다시 보면, 예컨대 잠시 멈추고 눈을 비비다 보면 아예 한 줄을 몽땅 건너뛴 부분이 보일 것이다. 한 단어를 중복해서

쓰거나 맞춤법을 틀린 데도 더러 있을 것이다. 기운이 빠져 필체도 흐트러지고 사고의 흐름도 놓쳐 버렸다. 모두 얼마든지 가능한 일이다. 게다가 고대 필사가처럼 당신도 원문을 보면서 베껴 쓰는 게 아니라 남이 읽어 주는 것을 듣고 쓴다면 어떨까? 그러면 일이 더 힘들어지지 않겠는가? 옛날에는 때로 한 사람이 본문을 낭독하고 많은 사람이 그것을 들으며 각각 필사했다. 끝난 후에 그 사본들을 비교하여 혹시 있을지도 모를 오류를 찾아냈다. 동시에 쓴 여러 사본을 비교하면 웬만한 오류는 다 드러났다. 하지만 오류가 있는데도 즉각 발견되지 않을 수도 있었다.

이렇듯 역사 속에서 성경 본문을 손으로 베낀 많은 필사본(전문 용어로 사본이라 한다)에는 실제로 인간이 오류를 범했을 가능성이 늘 존재한다. 성경의 전수傳授도 다른 책들과 같이 당대의 보편적 복제 방법을 따랐기 때문이다. 한 획만 틀려도 오류가 생겨날 수 있었다. 따라서 고대와 중세 사본들을 지금 서로 나란히 비교해 보면 특정한 곳에 사본마다 몇 가지 차이가 보일 것이다. 그리고 당신은 그것이 마음에 들지 않을 것이다.

당신에게 자유 시간에 고대 사본을 비교하며 차이와 오류를 찾아내는 습관이 없다 해도 걱정할 것 없다. 지난 수 세기 동안 다양한 집단의 사람들이 그것을 연구했다. 그들이 차이가 나는 부분을 알아내 목록으로 만들어 놓았다. 어떤 사람은 이 모든 의미를 파악하려 했고 어떤 사람은 문제만 보았다. 다들 공정한 질문을 던지고 있으나 논의 자체는 오래된 것이다. 사실 이 분야 연구에는 본문 비평이라는 이름까지 붙여져 있다. 본문을 '비평하는' 게 아니라 원래 본문과 현재 본문을 꼼꼼히 분석하는 작업이다.

그래서 이 공부를 하다 보면 이야기가 아주 재미있어진다. 어떤 사람은 이것 때문에 성경 자체에 의문을 품고, 어만처럼 성경이 과연 믿을 만한 것인지 의심한다. 그러나 성경은 사본이 워낙 많으므로 그 사본들의 표현을 확실히 믿을 수 있다. 적어도 몇 가지 가능한 경우로 범위를 좁힐 수 있다(그래서 당신의 역본에 보면 간혹 난외주에 '또는'이라는 말과 함께 다른 표현이 소개되어 있다).

지금부터 필사의 이치와 실상을 살펴보면 알겠지만, 현재의 성경 사본들은 얼마든지 믿을 만하다. 그 반대 주장들은 성경 문서의 특성을 터무니없이 과장한 것이다.

이런저런 이유를 대며 현존하는 성경을 의문시하는 비평가도 있다. 그러나 그들의 주장은 별로 근거가 없다.

숫자로 살펴본 필사

우선 성경 사본의 전체 목록을 쭉 펼쳐 놓아 보자. 그러면 그 규모가 얼마나 방대한지 알 수 있다.

모든 고대 문헌은 원본이 아니라 사본을 통해서만 알 수 있다. 성경만 그런 게 아니라 나머지도 사실상 다 마찬가지다. 이런 기록물은 워낙 오래됐기 때문에 현대까지 보존된 사본의 개수가 무척 적을 수밖에 없다. 예컨대 다음은 몇 가지 잘 알려진 고대 문헌 목록이다. 대략적인 저작 시기와 현재 남아 있는 사본의 수도 함께 표시했다.³

- 로마 역사가 타키투스Tacitus의 작품. 1세기. 사본 3개.
- 벨레이우스 파테르쿨루스Velleius Paterculus의 『로마사』. 1세기. 사본 1개.
- 가이우스Gaius의 『법학제요』. 2세기. 사본 3개.
- 요세푸스Josephus의 『유대 전쟁사』(나남 역간). 1세기. 사본 50개.

50개라니 대단하다! 다른 것에 비하면 크나큰 발전이 아닌가? 하지만 보다시피 이렇게 오래된 저작물에서 그런 숫자는 정말 보기 드물다. 대부분 고대 철학자와 역사가가 널리 용인한 작품도 그것을 보증할 사본이 손으로 꼽힐 정도만 있으면 검증 가능한 것으로 간주한다.

그렇다면 이제 당신은 우리가 알고 있고 현재 활용할 수 있는, 현존하는 신약 사본의 개수를 들을 준비가 되었는가?

여기 힌트가 있다. 50개보다 훨씬 많다.

자그마치 5,800개다. 여기에 라틴어 사본까지 더하면 8,000개 이상으로 더 늘어난다.

방대한 횟수의 인용은 거기에 포함되지 않았다. AD 첫 몇 세기 동안 그리스도인 교사들이 각자의 저작에 성경을 직접 인용한 부분까지 합하면, 성경 원본의 실제 내용에 대한 증거는 훨씬 더 많아진다. 바트 어만 같은 사람도 시인했듯이, 간접 자료인 이런 인용을 다 모아 처음부터 끝까지 성경 순서대로 늘어놓으면 "그것만으로도 사실상 신약 전체가 충분히 재구성될" 것이다.[4]

따라서 현존하는 성경 사본에 인용까지 더하면 그야말로 어마어마한 양이다. 모든 고대 문헌 중 성경이야말로 단연 가장 잘 검증된 책이다.

그런데 어떤 사람은 5,800개로도 부족하다고 말한다. 자격 요건이 무엇인지 통 모르겠다. 어쩌면 초기 사본들이 더 많으면 될지도 모른다(우리에게 있는 사본은 대부분 시기적으로 늦다). 하지만 그런 사본의 소재인 파피루스가 닳아진다는 점을 생각해야 한다. 이전 사본이 낡아 바스러지거나 쓸모없게 되면 다시 베껴 써야 했다.

이는 마치 어떤 사람이 미국 국회도서관에 들어가, 장서가 이게 전부냐고 묻는 것과 비슷하다.

실제로 어만은 공개 토론회에서 이런 질문을 받은 적이 있다. "당신이 신약의 신빙성을 믿으려면 증거가 얼마나 있어야 충분하겠습니까?" 그의 답변은 이랬다. "그야 초기 사본들, 마가복음의 사본들이 있어야겠지요.…다음 주에 이집트에서 고고학적 발굴이 있다고 합시다. 로마도 좋습니다. 로마의 고고학적 발굴 현장에서 나온 사본 10개가 전부 마가복음 원본이 기록된 지 일주일 이내에 필사되었다고 칩시다. 본문 상의 불일치 비율이 0.001퍼센트에 불과합니다. 그 정도면 나도 탄탄한 증거라고 말하겠습니다. 그런데 지금 우리한테는 바로 그게 없는 거지요."[5]

모든 고대 문헌과 그 사본에 이런 증거를 요구하는 게 과연 현실적인가? 고대 문서를 다룰 때 다른 어느 분야에도 이런 기준을 적용하지 않는다. 이것은 편향된 요구다. 분명히 파피루스는 닳아진다. 그래서 문서를 보존하기 위해 새로운 사본을 만들어야 했다.

이렇듯 관건은 충분한 자료의 확보가 아닌 듯 보인다. 우리 중 하나가 이전 책에 썼듯이 "증거가 나올 때마다 기준이 조금씩 더 높아지는 것 같다. 드디어 바위를 언덕 위에까지 밀어 올렸다 싶으면 도로 바위가 굴러 내려오곤 하던 그리스 신화의 시시포스와 다를 바 없다."[6]

그렇다면 성경이 오자부터 고의적 위조까지 온통 오류투성이라서 성경을 믿을 수 없다는 주장에 당신은 어떻게 답할 것인가?

사본 5,800개를 통한 복원

반대론자의 말이 맞다. 앞서 말했듯이 마태와 마가와 누가와 요한과 그 밖의 저자들이 친필로 쓴 실제 물리적 문서는 우리에게 없다. 그것만은 분명하다. 하지만 여기서 다시 우리의 탄탄한 논리를 끌어내면 된다. 물리적 원본이 없다 해서 왜 원본 내용을 조금이라도 확실히 아는 게 절대적으로 불가능하단 말인가?

어느 날 엄마가 부엌에서 당신을 불러 남동생과 여동생에게 이렇게 전하라고 시켰다. 15분 후면 저녁이 준비될 테니 하나는 상을 차리고 하나는 잔에 얼음을 담으라고 말이다. 그래서 당신은 하던 일을 놓고 계단을 올라가 두 동생에게 들릴 만한 복도에 서서 이렇게 말한다. "얘들아, 엄마가 그러시는데 15분 있다 식사할 거니까 너희 둘 중 하나는 상을 차리고 하나는 잔에 얼음을 담으래."

자, 이것은 엄마가 직접 한 말인가? 아니다.

하지만 엄마가 전하라고 한 말인가? 물론이다.

이렇듯 원래 정보가 담긴 원저자의 문서가 없어도 원본의 내용을 합리적 수준에서 확실히 아는 게 여전히 가능하다. 간단한 위의 예에서 동생들에게 물어보라. 또 그들이 저녁을 먹으러 내려오지 않는지 보라.

이번에는 그보다 좀 더 전문적으로 접근해 보자. 조금 전에는 고대 문헌을 보존한 사본의 개수를 알아보았다. 자료를 보는 또 다른 방법은 현존하는 사본이 얼마나 오래되었는지 판정한 다음, 원본이 기록되었다고 추정되는 연도에서 뺄셈하여 양쪽의 시간 간격이 몇 년(또는 몇 세기)인지 알아보는 것이다. 물론 원본과 현존하는 가장 오래된 사본 사이의 시간 간격이 얼마 되지 않을수록 사본에 원본의 내용이 그대로 반영되어 있을 가능성이 커진다. 당연히 그렇지 않겠는가?

똑같은 예를 여기서 다시 살펴보자. 이번에는 원본 시기에서 가장 오래된 사본의 연대를 빼서 사본과 원본의 시간 간격이 얼마나 먼지 알아볼 것이다.

- 타키투스의 작품. 가장 오래된 사본은 원본이 기록된 지 800년 후인 9세기 것이다.
- 가이우스의 『법학제요』. 가장 오래된 사본은 원본보다 300년이 늦은 5세기 것이다.
- 유세푸스의 『유대 전쟁사』. 가장 오래된 사본은 원본에서 900년이 지난 10세기나 그 이후의 것이다.[7]

이 정도면 통상적 시간 간격을 알겠는가? 800-900년은 보통이고 가장 가까운 게 300년이다. 여기서 중요하게 기억해야 할 점이 있다. 이런 작품에 관한 한, 고대사 연구가들은 그 사본들로 연구하며, 사본의 표현에 기초하여 역사를 논한다. 아무리 사본의 수가 적고 시간 간격이 멀어도 여전히 그 문서들로 연구한다. 그런데 성경은 사본 개수에서 다른 모든 문헌을 천 단위로 훨씬 앞지를 뿐만 아니라 시간 간격에서도 압승을 거둔다.

대다수 학자가 동의하듯이 신약이 기록된 시기는 AD 50년(야고보서는 더 이를 수도 있다)에서 100년(요한계시록) 사이다. 가장 오래된 단편 사본은 요한복음 일부가 담긴 존 라일랜즈 파피루스John Rylands Papyrus인데, 이 사본이 필사된 연대가 언제일까? 준비되었는가?

약 AD 125년이다.

이 정도면 불과 한 세대도 지나기 전이다.

고작 20-30년 후다. 수백 년 간격과는 너무나 대조적이다! 솔직히 이 사본은 불과 몇 구절이 적힌 작은 조각에 지나지 않는다. 하지만 엄연히 존재하며, 요한복음이 아주 일찍 기록되었음을 입증해 준다.

더욱이 2-4세기로 가면 검증 가능한 성경 사본 수가 폭발적으로 증가한다. 분량도 단락 전체와 책 전체다. 신약 전체가 담긴 가장 오래된 사본[시나이 사본(Codex Sinaiticus)으로 알려져 있다]은 연대가 그 시기의 후반부인 4세기경으로 추정된다.[8]

거듭 말하지만 이런 풍부한 가용 자료는 그 시대 다른 문서와는 차원이 다르다. 그것들은 근처에도 오지 못한다. 대체로 말해서 역사가로서는 더 바랄 게 없다. 적어도 이것만은 인정하자. 성경의 경우 표본 규모가 당대의 모든 유사한 저작물보다 비할 나위 없이 크다는 사실이다. 원본과 시기적으로 아주 근접한 사본이 이렇게나 많으니 그야말로 자료를 횡재했다고 말할 수 있다. 다른 고문서를 연구하는 학자들은 박사학위를 포기하는 한이 있더라도 이런 자료를 입수하려 할 것이다.

　그들은 원본이 없다면 사본이라도 최대한 많기를 원한다. 그러면 각 독본을 비교하여 일치점과 차이점을 찾아내 거의 확실시되는 원본 내용을 추론할 수 있다. 이 작업에서 고대 성경 사본을 따라올 문서는 없다.

　아무것도 없다.

　요컨대 성경은 당대에 대량으로 복제되었을 뿐 아니라 원래 저작(육필 원고라고도 한다)과 현존하는 가장 오래된 사본 사이의 시간 간격도 아주 근소하다. 그런데 왜 사본들이 원본과 현저히 다르다든지, 심지어 아예 다른 점이 있기나 하느냐고 결론지어야 하는가?

　어만은 원본과 사본의 이 가까운 시간 간격을 보면서도, 그 사이에 무슨 일이 있었을지 누가 아느냐고 묻는다.[9] 그 어두운 수십 년 역사 속에서 어떤 속임수가 마구 섞여 들어 원본 전체가 완전히 변질했을지 누가 아느냐는 것이다(역시 배후에 깔린 짙은 회의주의의 사고방식을 잘 보라).

　그 비난이 성립되려면 다음과 같은 일이 벌어져야만 한다. 1세기 말이나 2세기 초 어느 필사가가 마가복음을 완전히 개작해야 한다(일단 따라가 보자). 이어 그는 이미 필사되었거나 현재 필사 중인 마가복음의 모든 사본을 어떻게든 자신의 개작으로 기필코 갈아 치워야 한다. 그래야 3-4세기에 완성된 어느 사본을 보아도 육필 원고가 더 드러나지 않을 테니 말이다. 게다가 가장 오래된 사본을 서

로 비교해 보아도 개작의 흔적이 전혀 보이지 않아야 한다.[10]

그게 있을 법한 이야기인가?

이 정도면 대단한 첩보 작전을 방불케 한다. 성경의 책들과 서신마다 모두 그렇게 해야 한다. 필사 작업이 진행되는 오두막마다 공모자 협회에서 급습해야 한다. 그보다는 차라리 현재 사본들이 초기에까지 쭉 이어져 올라갈 가능성이 훨씬 크다. 우리에게 있는 사본은 다양한 지역과 다양한 시대에서 나온 것이다. 사본의 수도 워낙 많아 진정한 필사의 역사를 대변할 소지가 크다. 물론 그 기원은 원본에 닿아 있다.

따라서 유실된 원본이 완전히 개작되었을 것이라는 학자들의 주장은 이른바 침묵에 근거한 논증이다. 이는 증거와 이성과 사료에 근거한 논증이 아니라 그냥 가상의 점 잇기 게임이다. 하지만 점도 없고 연필도 없다.

거기에 도달하려면 얼마나 큰 비약이 필요한지 이제 알겠는가?

이것은 과도한 회의론이다. 그들은 원본이 없으니 어차피 모른다고 주장한다. 이 주장에 대한 반격은 현존하는 사본들에 있다.

대조할 수 있는 사본이 이렇게 많고 원작의 대략적 연대와도 가까우니, 가장 가능성 있는 결론은 이것이다. 실수로든 고의로든 다양한 사본에 많은 변화가 여기저기 흘러들었다 해도 원본의 표현은 전체 자료 속에 여전히 존재한다.

이것은 마치 당신이 이 책에서 현재 펼쳐진 두 페이지를 50부 복사하여 사인펜과 함께 50명에게 하나씩 나누어 주면서 이렇게 말하는 것과 같다. "각 페이지에서 아무 단어나 한 단어씩 사인펜으로 지운 다음 종이를 나한테 돌려주십시오." 50부를 다 거두었을 때 50명 모두 똑같은 단어를 지웠을 확률이 얼마나 되겠는가? 거의 없지 않겠는가? 가장 논리적인 가설은 이것이다. 조금씩 훼손되기는 했으나 50부를 전부 비교해 보면 이 두 페이지를 단어 하나까지 그대로 다 복원할 수 있다.

바로 이것이 원본을 추적하는 방식이다. 모든 사본에 잠재적으로 오류가 있을지라도 말이다. 그래서 현존하는 사본이 많을수록 원본의 표현을 찾아낼 확률도 커진다. 그렇지 않으면 시계 두 개로는 시간을 확실히 알 수 없다는 옛 우스갯소리처럼 되고 만다. 둘 다 분초까지 똑같을 확률은 매우 희박하다. 그러나 시계가 100개, 1,000개, 더군다나 5,800개라면 정확한 시간에 정말 근접할 수 있다. 아예 정확할 수도 있다.

바로 이것이 앞서 말했던 본문 비평이라는 연구와 학문 분야에서 전념하는 일이다.[11] (말이 났으니 말이지만 어만의 원래 직업이 그것이다. 그는 본문 비평가다.) 이 용어에 늘 촉수를 세워 두기 바란다. 성경과 종교에 관한 대학 강좌에서는 물론 공영 방송 다큐멘터리나 <타임>지 기사에서도 많이 듣게 될 테니 말이다. 성경 본문 비평가의 참된 본분은, 이 남달리 풍부한 고대 정보를 분석하고, 가용 자료를 서로 비교하여 성경 원본으로 가장 가능성 있는 내용을 최대한 결정하는 것이다.

대조할 수 있는 사본이 워낙 많다 보니 결국 원본이 유실된 게 아니라 얇은 불일치의 막이 덧씌워졌을 뿐이다. 이러한 표현이나 맞춤법이나 문장 구조상의 차이를 학자들은 이문異文이라 부른다. 다시 말해서 우리는 자료가 너무 적어 원문과 이문을 가려낼 수 없는 게 아니라 그런 자료가 너무 많다. 우리에게 있는 게 성경 본문의 100퍼센트 이하가 아니라 오히려 105퍼센트라고 말하는 게 더 맞을 것이다. 즉 우리는 원본 부분을 완전히 잃은 게 아니다. 반대로 원본 외에도 약간 더 있다고 결론짓는 게 합리적이다. 조금만 먼지를 털어 내고 닦아 남아 있는 조각들을 걷어 내면 원본을 복원할 수 있다.

그들은 우리에게 원본이 없으니 원본의 내용을 알 수 없다고 한다. 그 말만 들으면 그럴듯하다. 하지만 잘 생각해 보면 그렇지 않다. 특히 우리에게 사본이 많이 있으므로 더욱더 아니다.

침소봉대

부디 우리 말을 오해하지는 마라. 사본들 사이의 이문(불일치)은 성경 비평가들이 만들어 낸 것도 아니고, 성경 연구가들에게 중요하지 않은 것도 아니다. 이문은 엄연히 존재하며 관심을 쏟을 가치가 있다. 원본의 실제 내용을 결정하는 일은 정당하기 중요한 작업이다. 사람들이 이런 부분을 지적하는 것은 잘하는 일이다.

그러나 그들이 다음과 같은 인상을 풍기는 것은 잘못이다. 즉 어떤 독본을 진본으로 삼느냐에 따라 성경이 말하는 예수님이 누구이고, 그분이 뭐라고 말씀하셨으며, 그 결과로 우리가 어떻게 살고 어떻게 믿어야 하는지 등이 크게 달라진다는 것이다. 설령 우리가 회의론자들이 선호하는 성경 번역들을 대체로 수긍한다 해도, 성경의 자체적 일관성은 사라지지 않는다. 아래를 계속 읽어 보면 알 수 있다.

예컨대 다음은 현 논의와 관련하여 어만이 가장 중요하다고 생각하여 제시한 이문이다. 시종 그는 "본문의 문제를 어떻게 푸느냐에 따라 본문의 의미 자체가 위험에 처한다"라고 주장한다.

> 예수는 분노의 사람이었는가(막 1:41)? 죽음 앞에서 완전히 쩔쩔맸는가(히 2:8-9)? 제자들에게 독을 마셔도 피해가 없다고 말했는가(막 16:9-20)? 간음한 여자를 가벼운 경고만으로 놓아 보냈는가(요 7:53-8:11)? 신약은 삼위일체 교리를 명백히 가르치는가(요일 5:7-8)? 예수는 정말 "독생하신 하나님"으로 불렸는가(요 1:18)? 신약은 하나님의 아들 자신도 종말이 언제 올지 모른다고 말하는가(마 24:36)? 의문을 꼽자면 얼마든지 많다. 이것은 모두 우리에게 전통으로 전해 내려온 사본의 난제를 어떻게 푸느냐와 관련이 있다.[12]

그러나 고립된 짤막한 문구의 의미에 아직 의문이 남아 있다 해도, 여전히 그것은 기본적으로 자동차 전조등에 달라붙는 날벌레와 같다. 당신의 눈에 날벌레가 보인다. 그것 때문에 차가 약간 더러워져 나중에 씻어야 한다는 것도 안다. 하지만 날벌레는 자동차의 속도를 전혀 늦추지 못한다. 마찬가지로 소위 이런 '큰' 문제도 성경적 신학이라는 고속 열차를 전혀 탈선하게 하지 못한다. 불과 몇 밀리미터조차도 어림없다.

그렇다면 독본이 서로 달라서 위험에 처한다는 말은 도대체 무엇인가? 잠시 우리가 본문 비평가가 되어 보자.

위의 인용문에 어만이 언급한 7가지 중요한 문제를 간략히 살펴보자. 우선 어만과 우리의 의견이 일치하는 사례부터 시작한다.

- **이문 1, 2, 3**　**마가복음 16:9-20, 요한복음 7:53-8:11, 요한일서 5:7-8**

이 세 경우는 모든 진영의 거의 모든 학자가 완전히 의견 일치를 보인다. 전혀 논쟁이 없다! 당신의 성경에서 직접 확인해 보라. 장담컨대 마가복음과 요한복음의 본문은 괄호로 묶여 있고, 가장 이른 성경 사본들에 그 부분이 없으므로 원문으로 보기 어렵다는 난외주가 실려 있을 것이다. 삼위일체에 대한 간단한 설명을 덧붙인 요한일서의 이문, "증언하는 이가 셋이니 성령과 물과 피라 또한 이 셋은 합하여 하나이니라"는 아마 당신의 성경에 아예 없을 것이다. 혹시 있더라도 각주로 처리되어, 이 부분은 원문이 아니며 초기 사본들에 없다고 나와 있을 것이다.

그러므로 이문 7가지 중에서 이 셋은 제외하겠다. 이 세 구절을 복음서나 서신서의 진본으로 받아들이는 사람은 거의 없다. 따라서 그것을 현대 성경 역본들이 변질된 증거로 제시한다면, 이는 대다수 그리스도인 학자와 대화하는 게 아니라 사실상 독백을 고집하는 것이다. 오히려 이것은 앞서 말했던 요지에 대한 건강하고 좋은 사례다. 즉 성경 원본의 표현을 알아내려 할 때 사본의 수가 많으면 범위를 좁히는 데 도움이 된다. 재차 말하지만 진지한 학자치고 위 세 가지 예 중 하나나 전부를 성경 원문이 변질되었다는 증거로 내놓는다면 이는 엉큼하기 짝이 없는 일이다. 그 정도는 이 학자도 알아야 한다. 사실 이미 알고 있다.

이 세 가지 예에는 이견이 없다고 했으니, 이제 중요하게 생각해야 할 질문이 있다. 이 본문들이 원문이 아니라고 해서 우리가 잃는 성경의 가르침은 무엇인가? 답은 하나도 없다는 것이다! 달라지는 것이라고는 특정한 개념에 대한 가르침이 성경에 몇 군데나 나오느냐는 것뿐이다. 예수님은 죽은 자 가운데서 살아나셨고, 용서의 은혜를 강조하셨으며, 하나님은 성부와 성자와 성령이시다. 이 세 가지 성경의 가르침은 어차피 변함이 없다.

● *이문 4* **마가복음 1:41**

이 구절은 예수님이 어느 나병 환자를 고쳐 주시는 내용이다. 당신의 성경에는 아마 그분이 "불쌍히 여기사" 그렇게 하셨다고 되어 있을 것이다. 하지만 다른 소수 사본에는 그분의 동기가 분노였다고 나와 있다. 분노는 분명히 긍휼과는 다르다. 분노와 긍휼 중 어느 쪽인가? 이것은 어만의 주장처럼 큰 문제인가? 천만의 말이다. 설령 '분노'가 맞다 해도 예수님이 분노를 표출하신 경우는 이번이 처음이 아니다(예를 들어 성전을 정화하실 때나 바리새인들을 책망하실 때도 분노하셨다). 게다가 분노가 무조건 다 잘못이라는 공식은 성경 어디에도 없다. 사실 바울이 시편 4편 4절을 인용한 에베소서 4장 26절은 "분을 내어도 죄를 짓지 말며"라고 했다. 따라서 마가복음 1장의 독본으로 어느 쪽을 택하든 예수님의 무오한 삶은 위험에 처하지 않는다. 예수님은 분을 내시면서도 여전히 하나님이실 수 있는가? 물론이다. 마가복음 1장 41절에 그분이 노하셨다고 되어 있든 그렇지 않든, 다른 본문에 보면 그분은 다른 때 다른 일들로 노하셨다. 사실 이 본문에서 예수님을 노하시게 한 것이 무엇인지 묻는다면, 그것은 훼손된 창조 세계 속에 살아가는 타락한 인간 조건일 것이다. 나병은 거기서 비롯되었고 그래서 치유가 필요했다. 그분의 분노에는 불쌍히 여기는 마음이 섞여 있었을 것이다! 그러니 여기서 크게 문제 될 게 무엇인가?

● *이분 5* **히브리서 2:8-9**

당신의 역본에 아마 예수님이 "하나님의 은혜로" 죽으셨다고 되어 있을 부분이 일부 사본에는 "하나님과 따로 떨어져" 죽으셨다고 나와 있다. 물론 전자의 번역은 후자만큼 곤혹스러워 보이지 않는다. 하지만 예수님의 죽음이 인간적 차원에서 고통스러웠다는 사실은 성경에 나오는 전자의 가르침과 모순되지 않는다. 댄 월리스Dan Wallace의 말처럼 "이것이 예수님을 보는 히브리서 전체의 관점인데 어떻게 어만이 제시하는 2장 9절의 이문 때문에 그 그림이 달라지는가?"[13] 달라지지 않는다. 십자가 위에서 예수님이 하나님이 자신을 버리셨다는 시편 22편 1절을 인용하실 때도 그분의 요지는 똑같았다. 관건은 이 요지가 성경에 몇 군데나 나오느냐는 것뿐이다.

- **이문 6** **요한복음 1:18**

이 구절에 예수님은 "독생자[독생하신 아들]"로 지칭되는데, 한 유의미한 이문에는 "아들"이 "하나님"으로 바뀌어 있다. 하지만 어느 쪽으로 읽든 여전히 요한의 메시지나 나머지 신약과 일관되게 맞는다. 요한은 예수님이 하나님이시라는 증언으로 자신의 복음서를 시작하고 끝마친다(요 1:1, 20:28). 잘 알려진 요한복음 3장 16절도 비슷하게 그가 예수님의 정체를 하나님의 독생자로 진술한 수많은 예 중 하나일 뿐이다. 따라서 이번에도 역시 "독생자"와 "독생하신 하나님" 사이에 신학적 문제가 전혀 없다.[14] 예수님의 신성을 밝히는 요한의 증언은 이 하나의 이문에 의존하지 않는다. 이번 본문을 어떻게 읽든 그것은 이미 확립되어 있다.

- **이문 7   마태복음 24:36**

이 구절을 보면 예수님이 제자들에게 종말이 임할 "그날과 그때"를 자신도 모른다고 말씀하신다. 마가복음 13장 32절에도 똑같이 기록되어 있다. 예수님이 이렇게 말씀하신 것을 싫어할 사람도 있고, 그분이 지상에서 사역하시던 동안에는 자신의 재림의 때를 모르셨어야 할 이유를 납득하지 못할 사람도 있다. 하지만 그것은 별개의 토론 주제며, 이 표현이 원문인지 여부와는 정말 무관하다.

일각의 주장에 따르면 이상과 같은 이문들은 성경 사본들이 오류투성이라는 증거다. 하지만 그런 주장에는 무리가 있다. 우리는 선택 가능한 표현이 무엇인지 알며, 그중 어딘가에 원문이 있음을 안다. 그러니 우리가 정말 잃은 것은 무엇인가?

별로 없다. 그나마 있다면 다른 독본도 원문일 수 있다는 인식을 하며 원문의 의미가 어느 쪽일지 논의하는 것뿐이다. 우리가 인식하는 것이 또 있다. 이 개념에 대한 가르침이 특정한 본문에는 없다 해도 성경의 다른 어딘가에 필시 그 내용이 나온다는 것이다.

눈을 크게 뜨고 전체를 보라

바트 어만은 미심쩍고 유효한 신약 이문의 수를 2십만에서 4십만 개로 잡는다. 역시 솔깃한 광고 문구처럼 들린다. "알 수도 없고 알려지지도 않은 부분이 당신의 성경에 이렇게 많이 있다!"

그러나 이 도발적 통계 수치는 간단한 계산 하나만으로도 완전히 무색해진다. 고작 사본 2-3개가 아니라 현존하는 사본 5,800개를 늘어놓고 서로 비교하면 어떤 일이 벌어질까? 사이 영Cy Young은 메이저리그의 야구 투수로서 불후의 최다승 기록(511승)을 앞으로도 영원히 보유할 사람이다. 그런데 그는 최다 패전 투수라는 불후의 기록도 동시에 보유하고 있다. 그 이유가 무엇일까? 그가 야구계에 세운 또 하나의 신기록 때문이다. 그는 야구 역사상 어떤 선수보다 투구한 이닝 수가 압도적으로 많다.

사본이 많을수록 이문도 많아진다.

학자이자 작가인 마크 로버츠Mark Roberts는 이런 수학적 예화를 제시했다.

> 이 책[그가 인용한 책을 가리킨다]에는 거의 단어 5만 개가 들어 있다. 내가 두 사람에게 이 책을 손으로 필사해 달라고 부탁한다고 하자. 그리고 그들이 천 단어당 하나꼴(정확률 99.9퍼센트)로 오류를 범한다고 하자. 다 마친 뒤 오류의 수는 각 사본에 50개씩 총 100개가 될 것이다. 이 정도면 그런대로 무난해 보이지 않는가? 그런데 이번에는 2천 명에게 내 책을 필사해 달라고 부탁한다고 하자. 그들 역시 천 단어당 하나꼴로 오류를 범한다면, 이 경우 모든 사본의 오류 총수는 10만 개가 된다. 이 정도면 이문의 수가

많아 보인다. 바트 어만은 이것이 내 책에 나오는 단어보다 더 많다고 말할 것이다. 하지만 이문의 수가 많은 것은 단순히 사본의 수가 많은 결과다.[15]

고대 문헌 사본을 더 많이 소유했다는 사실은 긍정적 요인으로만 작용해야 한다. 절대 부정적 요인이 돼서는 안 된다. 공정한 역사가라면 누구나 그 점에 동의할 것이다. 극단적 회의론자만이 유익을 문제로 둔갑시킨다. 그것은 필요하지도 않고 합리적이지도 못한 행동이다.

게다가 이문의 절대다수(손에 꼽을 만큼의 극소수를 제외한 전부)는 사소하기 이를 데 없으며, 대체로 식은 죽 먹기로 찾아내 제외할 수 있다. 예컨대 그것은 단순한 맞춤법 실수, 뒤바뀐 어순, 말도 안 되는 독본 등 누가 보기에도 눈이 침침해지고 집중력이 떨어진 결과였다. 어만 자신도 이렇게 말했다. "단언컨대 사본들에서 발견되는 수십만 개 이문 중 대부분은 전혀 무의미하고 하찮으며 정말 아무런 중요성도 없다. 그저 필사자의 맞춤법 실력이나 집중력이 나머지 우리보다 나을 게 없다는 증거일 뿐이다."[16]

바로 그것이다.

그런데 이문의 거의 전부가 그의 말처럼 사소하다면(정말 사소하다) 왜 무슨 큰 문제라도 있는 듯한 인상을 풍기는가?

가장 좋은 업무 방식

이제 우리가 하려는 말을 알겠는가? 회의론자 진영에서 반복해서 들려오는 언뜻 충격적인 듯한 짤막한 문구는 이 사안의 전체 그림을 왜곡한다. 일각에서 제기하는 또 다른 도전은 필사라는 직업 분야의 전체 업무 방식에 관한 것이다.

어떤 사람은 당신이 이렇게 믿기를 바랄 것이다. 즉 초기 기독교의 필사 분야는 마치 서부 개척 시대와 같아서 아무런 인프라나 규범이나 조직도 없이 순전히 프리랜서 방식으로 자유분방했다는 것이다. 그들이 한 말로는, 문서를 베낀 필사가는 신뢰할 수 없는 아마추어에다 때로 무학자이기까지 하고 규칙도 주먹구구로 만들어 냈다. 그러니 그들의 필사본이 그렇게 오류투성이일 수밖에 없다는 것이다.

이런 주장에 다음 세 가지 용어로 맞서 정반대 증거를 제시하려 한다. 그것은 1) 일인다역의 필사자, 2) 신성한 이름들, 3) 제본식 사본이다.

● 증거 1 일인다역의 필사자

가장 오래된 기독교 사본의 필적을 보면 그 문서들이 전업 필경사의 작품이 아님을 알 수 있다. 그들은 영리를 목적으로 판매용 책을 필사하는 게 주업이었다. 반대로 성경을 필사한 전문가는 보통 개인에게 고용되었으며 서신 필사, 구술 받아쓰기, 행정 서류 작성, 공식 문학작품 복제 등 다방면으로 실력을 갖추고 있었다.[17] 이런 일인다역 필사자가 1세기에 흔히 있었다. 로마서를 받아쓴 사람으로 거명된 더디오도 그런 예다(참고 롬 16:22). 게다가 초기 기독교 문서를 연구한 해리 갬블Harry Gamble은 "상업적으로 제작한 책이 사적으로 만든 필사본보다 질이 높았다고 생각할 이유는 없다. 오히려 더 못하다는 불만이 자주 제기되었다"라고 했다.[18]

- **증거 2　신성한 이름들**

필사자가 저마다 자신의 취향대로 문체와 형식을 지어냈다는 의견에 대한 답으로는 신성한 이름들(nomina sacra)로 알려진 전통 관행을 제시하고자 한다. 이는 예수, 그리스도, 주, 하나님 같은 특별한 단어를 약칭하던 표준 부호다. 그냥 지면과 잉크를 아끼기 위한 원시적 형태의 속기速記라 생각할지 모르지만, 그리스어에는 그보다 훨씬 긴 보통명사도 많이 있었다. 그런 단어도 짧게 줄여 썼다면 똑같이 또는 그 이상 실속이 있었을 것이다. 그러나 실제로는 거룩한 의미가 있는 단어만 뽑아서 약어로 썼다. 이는 필사자가 그런 식으로 경외와 신앙을 표현했음을 암시한다. 설령 그렇지 않더라도 1) 이런 약자는 가장 초기 사본에 일괄적으로 나타나고, 2) 기독교에서만 볼 수 있으며, 3) 여러 지역과 언어에 두루 퍼져 있었다. 요컨대 이런 증거로 미루어, 초기 필사자는 모두 자유분방한 독자적

존재가 아니라 "어느 정도 조직을 갖추고 신중한 기획을 하며 일률적 관행을 따른 자들"이었다.[19]

- **증거 3 제본식 사본**

AD 첫 몇 세기 동안 독서와 통신의 주요 수단은 읽을 때 쭉 폈다가 다시 둘둘 말아 보관하는 두루마리였다. 하지간 그리스도인은 성경을 한데 모을 때 파피루스나 양피지를 현대의 책처럼 하나로 묶는 제본식 사본(codex, 코덱스)을 선호했다. 문화 전반에서 제본 쪽으로 기운 것은 4세기에 들어서였으나(CD가 MP3로 바뀐 것처럼), 그리스도인들 사이에는 2세기 말에 이미 그런 방식이 보편화되어 있었다. 아무래도 제본을 하면 여러 책을 함께 묶을 수 있었기 때문인데, 그때나 지금이나 성경이란 바로 그런 책이다. 이는 성경의 책들이 결국 하나라는 인식과 성경을 애지중지해야 한다는 사고방식을 보여 준다. 어쨌든 여기서 분명히 보듯이 "기독교의 필사 문화는 아주 조직적으로 통일돼 있었으며 혁명적 제책 기술을 통해 문서 보급의 새 장을 열었다. 결국 그것이 그리스-로마 세계 전역을 지배하게 되었다."[20] 그래서 그리스도인은 일률적으로 두루마리보다 제본 방식을 사용했다. 이 부분에만은 다양성이 없었다.

결론적으로 고대사의 다른 모든 주제와 마찬가지로, 고대의 필사 과정에 대한 우리의 이해에 한계가 있음은 분명하지만, 기독교 문서를 전수하는 데 종사한 사람들은 법 없이 사는 외톨이 무리라기보다, 지침과 기준과 조직적 관행을 갖추고 계속 형성되어 가던 동업 집단에 더 가까워 보인다. 따라서 그들의 필사는 조잡한 작품이나 무책임한 잘못을 낳는 온상이 아니었다.

말의 위력

우리가 뭐라고 말하든 바트 어만에게 사본의 변질이라는 이 오명(비록 과장되기는 했지만)의 요지는 기본적으로 이렇게 귀결된다. "사실 성경에 하나님이 무오하게 감화하신 말씀은 없고 필사자들이 때로는 정확하지만 때로는(많은 경우에!) 틀리게 베껴 쓴 말만 있다면, 성경이 하나님의 무오한 말씀이라는 말이 우리에게 무슨 도움이 되는가?[21]…정말 하나님이 사람들에게 그분의 실제 말씀을 주시려고 했다면, 분명히 그 말씀을 기적적으로 보존하셨을 것이다. 애초에 기적적으로 감화하신 것처럼 말이다. 그런데 말씀을 보존하지 않으신 것으로 보아 그분이 수고스럽게 말씀을 감화하지도 않으셨다는 결론이 불가피하다."[22]

얼마나 대단한 말인가. 당신이 액면 그대로 받아들이면서 강의 노트에 정신없이 받아 적노라면, 그 말을 최종 판결처럼 느낄 수도 있다. 당신은 크게 한 방 얻어맞고 그다음으로 넘어간다. 그 말이 옳으니 무엇을 더 어찌하겠는가? 거기에 누가 이의를 달겠는가?

하지만 지금까지 말했듯이 이것은 보이는 것만큼 그렇게 난공불락이 아니다.

육필 원고를 직접 베껴 쓴 최초 필사자들을 제외하고는 역사상 누구도 바울이나 요한이나 베드로가 실제로 쓴 유형의 말을 물리적으로 접하지 못했다. 당신이나 우리도 마찬가지다. 그러나 말에는 분명히 무형의 특성도 있다. 말은 활자와 잉크보다 크고 파피루스와 양피지보다 크다.

예컨대 이 순간 우리가 집필하는 말들은 처음에 머릿속에서 지어진 다음, 자판에 입력되어 화면상의 글자로 변했고, 그다음 전자 데이터로 저장되어 무선으로 출판사에 송고되었고, 그다음 이 책으로 (바라기는 수십만 부가) 인쇄되었다! 하지만 이 말들은 아직 할 일이 끝나지 않았다. 바로 이 순간 당신을 비롯한 독자들에게 정보를 전달하고 있다. 그들은 이 말들을 부모에게 전하거나 논문에 인용하거나 나중에 자신의 믿음에 도전이 닥칠 때 다시 떠올릴 수 있다.

말은 살아 있다. 계속 움직인다.

작가이자 강사인 피터 윌리엄스Peter Williams의 갈처럼 "말은 베껴 써도 감화력을 잃지 않는다."[23] 현존하는 수많은 사본을 두루 연구해 보면 현재 성경이 원문의 진정한 복제품이요 번역본이라는 합리적 추론이 나온다. 그런데 하나님이 최초의 말(최초의 양피지들)을 문서실에 보관하지 않으셨다는 이유만으로 왜 성경의 말들이 2등급으로 의심받아야 하는가?

사실 위에 인용한 성경의 감화(또는 그 반대)에 대한 바트 어만의 말은 영감의 교리를 잘못 이해한 데서 비롯되었다. 그리스도인이 감화되었다고 믿는 것은 육필 원고에 기록된 말 자체지 유형의 물질(특정한 파피루스나 양피지 조각)이 아니다. 그러므로 꼭 원본이 있어야만 원래 말이 있는 것은 아니다.

거듭 말하지만 본문 비평가는 특정한 사본에 이문이 많이 있음을 얼마든지 입증할 수 있다. 하지만 절대 사본 수천 개(우리가 공부하고 연구하며 성경 소프트웨어를 통해 접할 수 있는)에서 원래 성경 말씀이 완전히 사라져 없어졌다고 증명할 수는 없다.

뿌리까지 파고들면, 사본이 변질되었다는 논증은 두 마리 토끼를 다 잡겠다는 것과 다름없다. 그것을 고집하는 사람들은 한편으로 육필 원고의 실제 내용이 무엇인지 아무도 확실히 알 수 없다고 주장한다. '내 앞에 원본을 하나라도 내놓으면 그때 대화하겠다'는 것이다. 하지만 그러면서 그들은 수많은 이문(이것, 저것, 또 다른 것)이 절대 원문일 수 없다고 호언장담한다. 원본 내용을 모른다면서 그것을 어떻게 알 수 있는가? 롤렉스 시계가 무엇인지 알고 롤렉스의 존재를 믿지 않는 한, 이 시계나 저 시계가 롤렉스가 아님을 어떻게 아는가?

모순도 이런 모순이 없다.

예컨대 어만은 『예수는 존재했는가?』(*Did Jesus Exist?*)라는 저서에 예수님의 역사적 실존을 옹호하면서도 그분을 혼란에 빠진 이상주의자, 과감한 운명의 도박에 패한 비운의 인물로 그렸다. 그런데 그 책에 실린 어만의 많은 논증은 신약에 기록된 예수님의 말씀에 근거한 것이다. 이는 그가 성경 본문과 오랜 세월에 걸친 성경의 확실한 전수를 어느 정도는 믿는다는 뜻이다.

이상하게도 일부 회의론자는 죽은 지 오래된 2세기의 어느 필사자가 품었을 동기 따위를 철석같이 확신한다. 그에 대해 아는 거라고는 필체뿐인데도 말이다. 그러면서 그들은 허다한 고대 사본들에 물리적 증거가 제시되어 있는 성경 원본의 내용은 털끝만큼도 믿지 않는다. 당장 오늘밤에라도 그런 사본들을 컴퓨터로 검색하여 직접 눈으로 확인할 수 있는데도 말이다.

그러므로 그 사실을 당신의 하드 드라이브에 잘 입력해 두기 바란다. 그런 사람들은 성경을 합리적으로 변호하는 당신에게 회의론을 주입하려 한다. 하지만 대개 그런 회의는 당신이 알 수 없는 것을 자기들만 알고 있다는 확신과 모순된다. '합리적' 논의란 당신에게도 의견 개진의 기회가 주어질 때만 가능하다. 성경 원문의 온전한 전수와 같은 고대사 문제는 직접 면담이나 일차 조사를 통해서는 연구할 수 없다. 일반 대학 강의실에서 이런 고대사를 다룰 때는 절대적 확신이 아닌 충분한 확신이 가능한지를 물어야 한다.

성경 원문에 접근할 수 있다는 믿음은 충분히 합리적일까? 이 질문의 답은 당연히 긍정이다.

토의 질문

1. 학자들은 신약 원문을 어떻게 결정했는가?

2. 신약 사본들이 나타내는 증거를 1세기에 기록된 다른 책들의 증거와 비교하면 어떻게 다른가?

3. 신약의 사본들에는 왜 이렇게 서로 다른 부분이 많은가? 이렇게 일치하지 않는 신약 사본을 신뢰할 수 있는가?

4. 신약 원문이 존재하지 않으므로 우리는 원문에 담긴 내용을 전혀 알 수 없는가? 원문이 없기에 성경 자체를 믿을 수 없는 것으로 매도하는 회의론자에게 우리는 어떻게 반박할 수 있는가?

6장

바트 어만[1] 초기 기독교에는 분파가 많았다. 그들은 모두 자기네가 옳다고 주장했고 저마다 이를 뒷받침해 줄 책도 있었다. 그들은 이 책들이 사도들의 저작이며 따라서 예수와 첫 제자들의 관점을 대변한다고 주장했다. 하지만 승자가 된 분파는 예수나 사도들의 가르침을 대변하지 않았다.…승리한 분파는 정통으로 자처했으나 원래 기독교도 아닐뿐더러 많은 치열한 싸움 끝에야 승리를 얻어 냈다.

기독교 신앙의 내용은 누가 결정했는가?

그렇다면 기독교는 인간의 손으로 만들어진 것인가?

D. A. 카슨[2]

태초에 다양성이 계시니라. 다양성이 하나님과 함께 계셨으니 이 다양성은 곧 하나님이시니라. 만물이 하나도 다양성이 없이는 지어진 것이 없느니라. 그런데 낡고 더러운 '정통' 인사들이 다양성의 범위를 좁히다가 결국 이단으로 낙인찍어 축출했다. 그러나 때가 차매(물론 우리 시대) 다양성이 봉기하여 정통을 크게 무찔렀다. 다행히 이제는 정통만이 유일한 이단이다. 이런 재구성이 어이없이 널리 용인되고 있으나 이는 역사를 모르는 망언이요 벌거벗은 임금이다.

예수님이 오셨다.

예수님이 사셨다.

예수님이 죽으셨다.

예수님이 다시 살아 계신다.

이것이 기독교의 핵심 메시지다.

하지만 그리스도인이 맨 처음부터 믿었던 내용도 그랬을까? 당신이 주일 아침에 교회에서 접하는 내용, 강단에서 당신에게 가르치고 선포하는 내용, 목사가 전하는 말씀과 성경을 통해 여태 하나님에 대해 쭉 믿어 온 내용, 그 기독교 신앙이 진짜요 진품임을 당신은 어떻게 아는가?

알다시피 당신의 부모는 그것을 들으며 자랐다. 어쩌면 조부모도 그랬을지 모른다. 하지만 그 시대 이전으로 거슬러 올라가도(공예배가 처음 시작되던 먼 옛날에도) 그리스도인들이 들었던 내용이 그것일까? 그것이 교회가 주창하던 골자였을까? 하나님의 사람들은 항상 그렇게 믿었을까?

아니면 그렇지 않을까?

당신이 아마도 텔레비전에서 듣거나 책에서 읽는 바에 따르면,

(AD 1-4세기에 해당하는) 역사적 기독교의 뿌리가 생겨난 시대는 원래 많은 신념 체계가 얽히고설켜 힘겨루기를 하던 때였다. 기독교가 무엇이며 무엇을 표방하는지 아무도 몰랐다. 바트 어만은 AD 첫 몇 세기 동안 하나의 기독교란 존재하지 않았고 여러 기독교가 있었다고 말한다. 통일되고 일관되며 널리 합의된 신앙의 내용이 없이 다양한 관점만 있었으며, 그중 어느 것도 참되고 진정한 기독교를 대변한다고 정당하게 주장할 수 없었다고 한다. 그에 따르면, 기독교의 핵심 진리가 나머지를 다 제치고 지배 세력과 강자로 표면에 떠오른 것은 세월이 흘러 정치적 격변이 있고 나서였다.

그들의 말대로라면 그것은 일종의 "3월의 광란"(미국 대학 농구 선수권대회의 별칭-역주)과 같은 것이었다. 맞붙은 팀끼리 무한 경쟁으로 계속 싸워 대진표대로 상대를 무찔러 나가면 결국 그 '찬란한 순간'에 한 팀만 남아 승리의 네트를 자를 수 있다. '우리가 이겼다! 이것도 우리 거다!'

이로써 감미롭고 부드럽게 "쿰바야"(주여, 여기에 오소서)를 부르던 기독교의 다양성은 종말을 맞았다는 것이다. 더는 대형 천막에서 당신이 개인적으로 선호하는 기독교 취향을 즐길 수 없다. 당신 뜻대로 할 수도 없고, 무엇을 하든 상관없이 다 용납되던 특권도 사라졌다. 여러 기독교 신앙은 더 존재하지 않는다. 대기업과 거대 석유 회사가 이긴 것처럼 절대 권력 집단이 이겼다.

그래서 회의론자들에 따르면, 성경의 가르침과 기독교가 현재와 같이 된 이유, 우리가 주일에 교회에 앉아 이 특정한 브랜드를 '기독교 신앙'이라 부르는 이유는 오직 이쪽이 이겼기 때문이다. 얼마든지 다른 쪽이 이길 수도 있었다.

오늘의 기독교(정통이라는 용어로 지칭된다)는 결국 후대에 고답적이고 강압적인 회의실에서 논의되어 나온 결과다. 예수라는 인간과 십자가와 빈 무덤 그리고 그분이 직접 위임한 제자들에게서 비롯된 게 아니다. 정통을 정말 만들어 낸 사람들은 3-4세기에 등장했다. 기회를 포착하여 지배 세력이 된 그들은 마치 자신(곧 우리)의 신앙만이 사상 유일의 정당한 기독교 신앙인 양 역사를 개작했다.[3]

회의론자들이 보기에 그들은 약자를 괴롭히는 불량배이자 꼼수를 부리는 권력의 실세였다. 자신들만 옳고 나머지는 다 틀렸다는 식으로 경쟁 상대를 제거하고 다양성을 흔적조차 남기지 않고 지워 버렸다.

그런데 바로 거기서 기독교가 나왔다는 것이다.

다시 말해서 회의론자들은 음모론을 내세운다. 지저분한 내막과 고도의 책략이 있었다는 것이다. 기독교라는 개념 전체를, 밀실에서 회동한 한 무리의 주교와 정치가 형성한 것으로 본다. 이런 말을 좋아하지 않을 사람이 누가 있겠는가? 웬만한 대학 강의실에서 강의할 때 그들은 이 점을 잘 알고 있다.

하지만 그들이 기독교를 그와 직결된 그리스도의 삶과 가르침에서, 또 교회에서 삶으로 실천하고, 교회를 위해 죽었으며 당대 교회를 목양했던 사도들과 초대 교회 지도자들에게서 분리되게 하는 것은 큰 문제다. 이런 냉소적 관점은 증거 앞에서 맥을 추지 못한다. 5장에서 성경의 전수를 살펴볼 때와 마찬가지로 회의론자의 이런 이야기는 광고 문구로는 자극적이다. 권위와 절대 기준에 저항하는 포스트모더니즘에 잘 먹혀든다. 그러나 여러모로 그것은 다양성을 떠받드는 자신들의 이념에서 기인한 것이지 신빙성 있고 검증 가능한 연구의 산물이 아니다. 그들의 주장에 따르면 성경은 후대에 득세하여 기독교의 정도正道로 자처하면서 남들을 다 틀렸다고 단정했다. 남들은 다 그냥 화목한 공존을 바랐을 뿐인데도 말이다.

이번 장을 읽으며 과거로 거슬러 올라가 보면 그것이 근거 없는 말임을 알 수 있다. 아울러 당신의 교회와 초대 교회의 신앙 전통에 어떤 공통점이 있으며, 기독교 신앙이 왜 항상 기독교 신앙이었는지도 알게 된다.

높은 자리의 영향력

기독교 신앙의 기원에 관한 회의적 견해 중 다수는 20세기 초 학자 월터 바우어Walter Bauer의 저작에서 유래했다. 그의 책『초기 기독교의 이단과 정통』(*Heresy and Orthodoxy in Earliest Christianity*, 1934년 간행)을 통해 부상한 관점에 따르면, 기독교는 본질상 권력 투쟁이었다.

그는 주장하기를, 실제로는 이단(표준 규범에서 벗어나는 모든 가르침을 뜻하며, 이 경우 현대의 정통에 어긋나는 가르침이다)이 고대 세계 일정 지역에서 기독교의 원형이었으며, 거의 모든 곳에서 적어도 소수파로 굳어져 있었다고 한다. 그런데 로마 교회가 규모와 지배욕을 앞세워 2세기 말까지 다른 경쟁 상대의 관점을 종교 무대에서 강제로 몰아낸 뒤, 이후 서너 세기에 걸쳐 그런 관점들의 증거를 기록에서 완전히 삭제했다. 그리하여 전체 기독교 세계에 대한 자신들의 지배권을 공고히 했다.

바트 어만은 바우어의 그 책을 "초기 기독교 역사에 관한 20세기의 가장 중요한 저서"라 지칭하며, 그의 진술을 "현존하는 고대 기독교 문헌 전체의 거장이 내놓은 예리하고 권위 있는" 논증이라고 예찬했다.[4]

분명히 어만의 관점은 다분히 그 책을 통해 형성되었다.

그러나 제목 자체를 "초기 기독교"로 내세운 척이라면 현존하는 최고最古 역사적 증거에 당연히 초점을 맞추어야 하지 않겠는가? 그것은 바로 1세기 신약 문서다. 그런데 바우어의 연구 결과는 거의 전적으로 2세기와 그 이후 문서들에 기초해 있다. 그는 거기서 역순으로 1세기를 추론했다. 어림짐작을 소급하여 '권위 있는' 사실로 둔갑시킨 것이다.[5]

이렇듯 그의 책이 "공상적 구성물"이고 "고상하게 꾸며 낸 허구"임을 그동안 많은 연구자가 입증했는데도[6] 이 책은 여전히 회의적 관점의 기초가 되고 있다. 그게 무슨 새삼스러운 일이겠는가? 회의론자들이 즐겨 수용하는 논리대로 하자면 기독교는 인간의 손으로 날조된 지리멸렬한 종교다. 기독교 신앙의 혈관에 예수의 피가 흐르지 않는다는 주장에 그들의 이해관계가 걸려 있다. 이 논쟁이 그들에게 중요한 이유는 기독교가 원래부터 다양했다면 아무도 자기네 버전의 기독교가 진리라고 주장할 권리가 없기 때문이다. 이런 다양성을 주장하는 데 매력을 느끼는 이유는 그래야 절대 진리가 존재한다는 주장이 무력해지기 때문이다. 다양성이 있는 곳에는 정통이 없다.

그래서 회의론자는 어떻게든 당신에게 초기 역사에 다양성이 있었다고 믿게 하려고 한다. 하지만 그들이 당신을 절대 속일 수 없는 확실한 역사적 근거가 있다.

진리를 당할 자 누구랴

초기 기독교에 논쟁이 끊이지 않았음은 주지의 사실이다(그거라면 오늘날도 마찬가지다). 신학적 들불은 새삼스러운 일이 아니다. 바울이 갈라디아와 골로새에 보낸 편지들과 디모데와 디도에게 보낸 목회서신은 물론 그 밖에 베드로후서와 요한일서와 유다서만 보더라도, 그런 책들의 취지가 다분히 이단을 물리치는 데 있었음을 알 수 있다(참고 갈 1:6, 골 2:11-21, 딤전 1:3, 딛 1:5).

그러나 이방인 신자에게 할례를 요구할 것인가의 논란 등을 비롯해 사도들이 1세기에 진화했던 불씨 대부분은 후대에 불거진 정통 핵심 논쟁과는 무관했다.[7] 영지주의, 가현설*, 마르키온주의** 등과 같이 초기 기독교에서 갈라져 나간 분파가 있거니와 이런 집단의 연대는 2세기 이전 사료로 거슬러 올라갈 수 없다. 불가능하다.[8] 회의론자는 이 모든 중요한 다양성이 맨 처음부터 있었다고 주장하지만, 그것을 뒷받침할 증거는 없다.

그렇다면 2세기, 3세기, 4세기에는 어땠을까? 증거를 보면 심지어 그때도 시종일관 정통이 안정세로 두루 퍼져 있었다.[9] 일관되게 그랬고 어느 대륙에서나 똑같았다. 설령 이후 몇 세기 동안 기독교 이단 분파들이 마치 지금 감리교나 침례교나 장로교 중에서 선택할 수 있듯이 편만하게 세를 불렸다고 논의상 인정한다 치더라도, 그것을 초대 교회가 태동할 때나 그 직후로까지 소급하려면 순전히 억측을 부려야만 가능하다. 아울러 희망 사항이 아니고서야 그것을 진정한 신앙과 믿음의 강건한 대안이라 할 수도 없다.[10]

그 무엇으로도 불가능하다.

분명히 기독교를 가장 크게 위협했던 영지주의를 예로 들어 보

---

* 예수님이 인간의 몸으로 이 땅에 살았을 때는 진짜 육체가 아니라 육체처럼 보인 것이며, 십자가에서 죽으셨을 때는 인간의 육체가 죽은 거라고 주장하는 이단 교리.
** 로마교회에서 파문당한 마르키온이 주창한 이단 교리로, 이원설, 그리스도의 가현설, 신구약 성경의 분리를 주장했다.

자. 영지주의의 존재에 대해서는 3장에서 성경 정경을 논할 때 잠깐 언급했다. 빌립 복음, 마리아 복음 등 영지주의를 드러내는 다양한 책에 대해서도 살펴보았다. 우선 경계해야 할 이단이 있었다면 바로 영지주의였다.

영지주의란 온갖 다양한 관점을 지닌 각양각색 집단을 아우르는 폭넓은 호칭으로 볼 수밖에 없다. 대체로 영지주의자들은 예수님의 인성을 포함하여 물리적인 것이면 무조건 지독한 의심의 눈초리로 대했다. 또한 은밀하고 신비로운 지식이 존재하여, 그 지식 때문에 자신들이 대중보다 우월할 뿐 아니라 어쩌면 당연하게 자신들 사이에도 우열이 갈린다고 확신했다. 영지주의 진영 내에서도 어떤 합의가 도출되기는 어려웠다. 그들은 조직이나 연합을 이룬 적이 없었다. 교회도 없었고, 교회들끼리 모인 단체도 없었으며, 교회 대항 체육대회 따위도 없었다. 그들의 저작물은 단 한시도 신약 정경의 대상으로 고려된 적이 없었는데, 우선 그들의 신학이 구약의 정당성을 부인했기 때문이다. 이는 절대로 타협할 수 없는 부분이었다.

반면에 진정한 기독교는 이미 AD 40년대와 50년대에 교회를 개척하여 번창하고 있었다.[11] 이 교회들은 성장하고 발전하면서 점점 자신들을 통일된 하나의 네트워크(어느 저자가 "거룩한 인터넷"이라 표현한[12])로 보았으며, 전체적으로 지도 체계와 협력적 교류도 갖추어져 있었다.

또한 신앙의 핵심 내용도 갖추어져 있었다. 1세기 중엽에 기록된 신약 문서에서 보듯이, 이미 교회는 참된 교리를 고수하고 거짓 가르침을 배격하는 일의 중요성을 강조하고 있었다. 그것도 아주 명백하게 말이다! 예컨대 바울 서신을 읽노라면, 초기 정통 신앙 체계가 처음부터 분명히 확립되어 있었음을 알 수 있다!

이 '신앙 규정'은 2세기에 사도들의 사역과 차세대 지도자들의 틈새를 성공적으로 이어 주었다. 그 시기 가장 영향력 있는 인물이었던 지도자들을 교부라 부른다. 그들의 저작을 보면 공통으로 품었던 신앙에 대한 인식과 확언이 나타나는데, 이 신학적 표준은 신약 이후의 교회라는 지리적으로 다양했던 집단을 하나로 통일되게 했다.[13] 그들은 자신들을 그리스도와 물리적으로 동형했던 선대가 남긴 내용을 다시 후대에 '전수하는' 존재로 보았다.

그뿐 아니라 교부는 자신들의 교리가 유대교 성경(구약)에 뿌리를 두고 있어서, 그것이 교회를 하나님 백성의 참된 옛 신앙과 이어 주고, 또한 그리스도 안에서 성취되고 사도들을 통해 선포된 예언 메시지와 이어 준다는 것을 알았다. 그들은 신앙 규정을 만들어 낸 게 아니라 그것의 수혜자였다.

그들의 유산은 진리의 유산이었고 '힘을 얻고 더 얻어' 나아갔다.

그런데 영지주의가 그것과 맞먹는 경쟁 상대였단 말인가?

과연 그랬을까?

설령 정통의 자리를 점하려는 싸움이 일각의 주장처럼 정말 막상막하였다 해도, 그 이단들의 길을 막는 세력은 하나도 없었다. 정말 그들이 살아남아 기독교 세계를 지배할 만큼 숫자와 기력이 있었다면, 끝까지 악착같이 싸우면 될 일이었다. 초기 기독교는 이단의 가르침을 억압할 공식 권한이 없었다. 오히려 반대였다. 기독교 신앙이야말로 세상에서 워낙 인기가 없어 늘 박해당할 위험을 무릅써야 했다. 그러다 목숨을 잃는 경우도 많았다. 초대 교인들은 사회적, 정치적 권력을 얻기를 바라서 그리스도를 끝까지 따른 게 아니다. 그들이 그렇게 한 이유는 이 가르침을 진리로 믿었기 때문이다. 그것이 진리였고 지금도 진리기 때문이다.

그리스도인이 이단 단체들을 척결할 공식 방편을 획득한 것은 훨씬 세월이 흘러 AD 313년에 콘스탄티누스 황제가 밀라노 칙령을 발표하고 나서였다. 그런데 그때는 이미 영지주의가 역사의 무대에서 자취를 감춘 뒤였다. 그들은 자신들 신념의 현주소인 허공 속으로 저절로 사라졌다. 굳이 한참 훗날에 정통 기독교가 그들의 콧대를 꺾어 놓을 필요조차 없었다.

그렇게 그들은 바람과 함께 훅 사라졌다.

경험자에게 물어보면 누구나 똑같이 말할 것이다. 어떤 조직을 본 궤도에 올려놓기란 쉬운 일이 아니다. 당신의 말을 믿고 당신의 계획과 잠재력에 과감히 투자할 사람들을 충분히 확보하기란 어려운 일이다. 그런데 2-4세기 세상을 보면, 기독교 정통은 승승장구하는데 영지주의 같은 이단들은 맥을 못 췄다. 이것은 우리에게 무엇을 말해 주는가? 누가 누구의 기생물이었겠는가? 이 모든 외관상(또는 가상의) 다양성 속에서, 담대히 전진한 쪽은 누구이고 스스로 낙오한 쪽은 누구인가?

기독교의 공적인 대변자가 되려는 싸움은 여러 더등한 집단끼리 줄다리기한 것이 아니었다. 정통 성경 저자들을 한동안 걱정하게 할 만큼 대적들이 꽤 분란을 일으킨 것은 사실이다. 그러나 결국 그들은 소멸했다. 콘스탄티누스가 출범시킨 사회, 정치 세력의 지지 때문이기도 했지만, 또한 시기적으로 이르고 강한 뿌리가 정통에는 있었으나 이단에는 없었기 때문이다.

처음부터 강하게 성장한 신앙

기독교를 비판하는 사람들이 하는 말로는, 그리스도가 무대에서 사라지신 뒤로 성경이 공식적으로 확정되기까지 몇 세기는 온갖 사고와 신념이 아직 응고되지 않고 끈적끈적하게 엉겨 있던 일대 혼란기였다. 그러니 사람들이 그 모든 내용을 머릿속에 정리할 방법을 찾아내기까지 당연히 꽤 시간이 걸렸을 것이다.

그들은 당신이 그렇게 믿기를 원한다.

그러나 성경은 그렇게 말하지 않는다. 여기서 우리가 성경에 의지하여 본문을 인용하는 것은 단순히 그것이 성경이라서가 아니다. 성경은 우리에게 남아 있는 1세기 증언록으로, 신앙인들이 무엇을 믿었는지를 보여 준다. 성경 본문들은 가장 초기인 기독교를 들여다볼 유일한 사료의 창이다. 성경으로 우리는 최대한 멀리까지 거슬러 올라갈 수 있다. 이번 장에 계속 암시하고 설명했듯이 신약 저자들은 예수님, 그분의 정체, 그분의 사명, 교회를 향한 그분의 목적 등을 처음부터 아주 명확히 이해했다. 초기 사본 수백 편을 통해 진실성이 입증된 그들의 작품을 보면 그것을 알 수 있다.

아래 성경 본문을 증거로 제시한다. 물론 이 구절의 내용을 개인적으로 믿지 않는 거야 모든 회의론자의 자유다. 그러나 초대 그리스도인이 직접 믿고 고백한 내용이 이 성경 말씀들에 나와 있음은 그들도 부인할 수 없을 것이다.

복음서와 사도행전

"시몬 베드로가 대답하여 이르되 주는 그리스도시요 살아 계신 하나님의 아들이시니이다 예수께서 대답하여 이르시되 바요나 시몬아 네가 복이 있도다 이를 네게 알게 한 이는 혈육이 아니요 하늘에 계신 내 아버지시니라 또 내가 네게 이르노니 너는 베드로라 내가 이 반석 위에 내 교회를 세우리니 음부의 권세가 이기지 못하리라"(마 16:16-18).

"예수께서 나아와 말씀하여 이르시되 하늘과 땅의 모든 권세를 내게 주셨으니 그러므로 너희는 가서 모든 민족을 제자로 삼아 아버지와 아들과 성령의 이름으로 세례를 베풀고 내가 너희에게 분부한 모든 것을 가르쳐 지키게 하라 볼지어다 내가 세상 끝날까지 너희와 항상 함께 있으리라 하시니라"(마 28:18-20).

"그들이 사도의 가르침을 받아 서로 교제하고 떡을 떼며 오로지 기도하기를 힘쓰니라"(행 2:42).

바울

"그리스도의 은혜로 너희를 부르신 이를 이같이 속히 떠나 다른 복음을 따르는 것을 내가 이상하게 여기노라 다른 복음은 없나니 다만 어떤 사람들이 너희를 교란하여 그리스도의 복음을 변하게 하려 함이라 그러나 우리나 혹은 하늘로부터 온 천사라도 우리가 너희에게 전한 복음 외에 다른 복음을 전하면 저주를 받을지어다 우리가 전에 말하였거니와 내가 지금 다시 말하노니 만일 누구든지 너희가 받은 것 외에 다른 복음을 전하면 저주를 받을지어다"(갈 1:6-9).

"형제들아 내가 너희에게 알게 하노니 내가 전한 복음은 사람의 뜻을 따라 된 것이 아니니라 이는 내가 사람에게서 받은 것도 아니요 배운 것도 아니요 오직 예수 그리스도의 계시로 말미암은 것이라"(갈 1:11-12).

"그러므로 형제들아 굳건하게 서서 말로나 우리의 편지로 가르침을 받은 전통을 지키라"(살후 2:15).

"형제들아 내가 너희를 권하노니 너희가 배운 교훈을 거슬러 분쟁을 일으키거나 거치게 하는 자들을 살피고 그들에게서 떠나라"(롬 16:17).

"내가 마게도냐로 갈 때에 너를 권하여 에베소에 머물라 한 것은 어떤 사람들을 명하여 다른 교훈을 가르치지 말[게 하려 함이라]"(딤전 1:3).

"너는 그리스도 예수 안에 있는 믿음과 사랑으로써 내게 들은바 바른 말을 본받아 지키고 우리 안에 거하시는 성령으로 말미암아 네게 부탁한 아름다운 것을 지키라"(딤후 1:13-14).

유다와 요한

"사랑하는 자들아 우리가 일반으로 받은 구원에 관하여 내가 너희에게 편지하려는 생각이 간절하던 차에 성도에게 단번에 주신 믿음의 도를 위하여 힘써 싸우라는 편지로 너희를 권하여야 할 필요를 느꼈노니"(유 1:3).

"사랑하는 자들아 영을 다 믿지 말고 오직 영들이 하나님께 속하였나 분별하라 많은 거짓 선지자가 세상에 나왔음이라 이로써 너희가 하나님의 영을 알지니 곧 예수 그리스도께서 육체로 오신 것을 시인하는 영마다 하나님께 속한 것이요"(요일 4:1-2).

더 많은 증거를 원하는가? 얼마든지 더 제시할 수 있다.

신약에 여러 번 약술된 교리는 초대 교회에 신앙의 전반적 내용을 명확히 해 주는 기초가 되었다(롬 1:2-4, 고전 8:4-6, 11:23-25, 15:3-6, 그 밖에도 많이 있다). 첫 세대 그리스도인은 사용 가능한 성경 단권이 존재하기 전에도 이런 구절로 그들끼리 진리를 전달할 수 있었다. 그 밖의 많은 본문은 거의 찬송가처럼 보이는데, 이런 방법은 핵심 교리를 굳게 다지는 데 도움이 되었다(골 1:15-20, 빌 2:6-11, 딤전 3:16).

(여담이지만 원래 그것이 예로부터 교회 찬송가의 주목적이었음을 아는가? 즉 찬송가는 올바른 교리를 기억하기 좋게 가르치고 강조하기 위한 것이었다. 우리는 대형 화면에 가사를 올리지만 과거의 교회는 찬송가책에 노래를 담았다. 당신도 그런 찬송가를 하나 꺼내서 들여다보면, 대체로 노래마다 교리가 온전히 진술되어 있음을 알 수 있다. 대개 복음 전체를 요약하여 다시 들려준다. 이 노래들은 춤의 가락만이 아니라 교육용이었다. 오랜 세월 찬송가의 의미와 형식을 그렇게 이해했으며 특히 교회 태동기에는 더했다.)

하지만 그것마저도 전부가 아니었다. 세례와 성만찬이라는 성례도 초대 그리스도인들이 신앙의 교의를 반복해서 외우고 증언하는

데 도움이 되었다. 히브리 성경으로 주어진 방대한 가르침은 말할 것도 없다. 구약은 당시에 이미 널리 보급되어 있었다.

그래서 당신에게 묻는다. 그들에게 표준이 없었는가? 그들의 신앙 내용을 알 길이 없는가? 당신 주변에 그런 말을 하는 사람이 있는가?

초기 기독교에 참된 가르침과 거짓 가르침을 가려낼 기준이 없었다고 말하는 사람들이 있지만, 아무리 보아도 신약에 그려진 그림은 그들이 하는 말과 전혀 다르다. 앞서 제시한 구절 중 일부를 다시 보라. 그러면서 다음 사실에 주목하라.

- 사도들은 자신의 사명이 예수님의 메시지를 후대에 전수하는 것임을 알았다.
- 교회는 사도들의 가르침에 충실해야 한다는 중요성을 이해했다.
- 복음의 핵심 메시지는 예수님의 속성과 사역과 맞물려 있었다.

어디를 보나 같은 내용이다. 권위도 있고 시기적으로 이르다.

그리고 절대 변질될 수도 없었다. 초기 기독교에서 단연 가장 두드러진 인물인 사도 바울도 하나님께 받은 메시지를 왜곡할 재량이 자신에게 없음을 알았다. 갈라디아서 1장 8절을 다시 보라. "우리나 혹은 하늘로부터 온 천사라도 우리가 너희에게 전한 복음 외에 다른 복음을 전하면 저주를 받을지어다." 위대한 바울에게도 예수님의 구원을 위한 죽으심과 장사와 부활에 관한 핵심적 가르침을 함부로 고칠 권한이 없었다면 분명히 다른 누구에게도 없다. 누구든지 그리스도인으로 자처하면서 이런 진리를 고수하지 않는다면, 그는 마땅히 의심 대상이다. 복음이라는 기준에 어긋나기 때문이다.

그분의 진리는 진군한다

성경을 불신하는 회의론자는 자꾸 예수님의 생애에서 기독교 신앙이 확립될 때까지 간격을 억지로 애매하게 벌려 놓는다. 그러나 1세기부터 4세기까지를 잠시 거닐면서 면면히 흐르는 연속성에 주목해 보자. 다음은 기독교의 첫 300년 동안 정통에 빗나간 이단들의 관계를 개괄한 것이다.[14]

안전띠를 매고 슬슬 떠나 보라.

AD 33년

예수님이 죽으시고 부활하신다.

이미 35년에 바울이 회심하여 그리스도의 승귀*를 포함한 교회의

---

*   그리스도가 인간의 위치로 낮아지시고 인류 구원의 역사를 온전히 이루신 뒤에 다시 하나님이신 원래 위치로 돌아가신 것을 말한다.

기독론과 구원에 대한 가르침을 수용한다.

40-60년대

바울이 여러 교회에 편지를 쓴다.

정통이 널리 퍼져 주류를 이룬다.

교회들이 핵심 메시지를 중심으로 체계화된다.

엉성한 이단들이 출현하기 시작한다.

이방인이 교회에 가입하는 방식을 두고 논란이 벌어진다.

성경이 핵심 신학을 가르친다.

초기의 정통 저작들이 교회에 회람된다.

60-90년대

복음서와 나머지 신약이 기록된다.

이런 저작물을 통해 정통이 계속 퍼져 나간다.

정통이 여전히 널리 퍼져 주류를 이룬다.

이단은 아직도 엉성하다. 율법을 고수하는 유대인 분파 중 소수가 예수님은 하나님이 아니라는 양자론$_{adoptionism}$*을 주장한다.

베드로와 바울이 60년대에 죽는다.

---

* 예수님은 사람으로 태어났으나 하나님께 순종하여 그분의 양자로 받아들여졌다는 주장. 예수님의 신성을 부정한다.

90-130년대

신약의 저자들이 무대에서 사라진다.

교부들이 등장하여 이미 확립된 정통을 가꾸어 나간다.

정통이 여전히 널리 퍼져 주류를 이룬다.

이단들이 조직화하기 시작한다.

영지주의 기독교가 출현하기 시작한다.

130-200년대

교부들이 하나둘 세상을 떠난다.

이후 그리스도인 작가들이 사명을 이어 간다.

정통이 여전히 기독교의 확립된 규범이다.

이단들은 부수적이고 산발적이며 어설프고 지리멸렬하다.

상당한 존재감으로 우려를 자아내는 다른 관점이 출현하여, 더 많은 정통 작가가 그 문제를 다루며 논박한다.

200-300년대

정통이 여러 신경 속에 자리를 굳힌다.

다양한 이단들이 계속 고개를 쳐든다.

그러나 대부분 지역에서 정통이 우세하다.

다른 관점들이 확실한 존재감과 우려를 자아내는 이슈로 계속 많은 정통 작가의 시선을 끈다.

일단 여기까지 하자. 보다시피 기독교 정통을 규정하는 방식에서 AD 300년대에 중요한 순간이 있기는 했으나 이는 형식상의 문제일 뿐이지 내용상 문제는 아니었다. 초대 교회 설립 때부터 존재했던 정통 가르침이 달라지거나 급진화한 것은 아니다. 그런데 어만과 회의론자들은 이 부분에서 자신들의 논지를 과도히 부풀린다. 반대 세력을 궤멸하려고 뒤늦게야 정통을 대충 만들어 냈다는 식으로 말이다.

교회사에서 그 시기에 새로운 점이 있었다면 신경信經이 제정되었다는 것뿐이다. 신경이란 정통 교리를 간결하게 요약한 진술이다. 최초의 주요 신경은 범세계적 교회 지도자들이 사상 최초로 한데 모였던 니케아(지금의 터키 지역)에서 채택되었다. 지금도 알려져 있고 암송되는 니케아 신경은 신앙의 핵심을 약 200개 단어로 종합했다.

우리는 한 분이신 성부 하나님을 믿습니다. 그분은 전능하셔서 하늘과 땅과 보이고 보이지 않는 모든 만물을 지으셨습니다. 우리는 한 분이신 주 예수 그리스도를 믿습니다. 그분은 영원 전부터 성부에게서 나신 하나님의 독생자십니다. 그분은 하나님에게서 나신 하나님이요, 빛에서 나신 빛이요, 참 하나님에게서 나신 참 하나님으로, 지음 받지 않고 나셔서 성부와 일체십니다. 만물이 그분을 통하여 지음 받았습니다. 그분은 우리와 우리의 구원을 위하여 하늘에서 내려오셔서 성령과 동정녀 마리아를 통하여 성육신하여 참 인간이 되셨습니다. 우리 때문에 본디오 빌라도 치하에서 십자가형을 받아 죽임을 당하고 묻히셨으나 성경 말씀대로 사흘 만에 부활하셨습니다. 그분은 하늘에 올라 성부의 오른편에 앉아 계시며, 산 이들과 죽은 이들을 심판하러 영광 가운데 다시 오실 것입니다. 그분의 나라는 끝이 없을 것입니다. 우리는 주님이시며 생명을 주시는 성령을 믿습니다. 성령은 성부[와 성자]에게서 나오시어 성부와 성자와 더불어 예배와 영광을 받으시며 예언자들을 통하여 말씀하셨습니다. 우리는 하나이고 거룩하고 보편적인 사도적 교회를 믿으며, 죄를 용서하는 하나의 세례를 믿습니다. 우리는 죽은 이들의 부활과 내세의 삶을 기다립니다.

니케아 공의회는 그리스도의 신성에 관한 이단적 관점에 대처하고자 소집되었다. 그것이 고도로 철학적인 논쟁이었던 만큼, 많은 수고 끝에 결실을 본 니케아 신경의 표현과 문구에는 베드로와 바울과 복음서 저자들의 저작에 이미 언급된 내용이 명확하게 요약되어 있다. 성경 말씀을 직접 인용하지는 않았으나 이 신경의 교리는 분명히 성경에서, 즉 신약 문서들의 오랜 증언에서 파생되었다.

당신이 보기에도 그렇지 않은가?

그런데 어찌 된 일인지 많은 회의론자는 그 둘 사이의 연속성을 보지 못한다. 그들의 주장은 이런 식이다. 표현 자체가 사도들의 입과 펜에서 나오지 않았으니 자연히 이 신경은 새로운 가르침일 수밖에 없으며 하나님의 감화가 없다는 것이다. 이렇게 4세기 교회가 자기네 브랜드의 기독교 신앙을 만들어 그것을 정통이라 부르며 마치 그것이 예수님과 첫 제자들에게까지 거슬러 올라가는 것처럼 행세했으니, 그 배후에 있는 속셈이 무엇이겠는가? 회의론자들에 따르면 답은 간단하다.

지배권이다. 다양성을 말살하는 것이다.

자기네 방법만이 옳다는 것이다.

'흑' 아니면 '백'이다.

'예' 아니면 '아니요'다.

니케아에서 공의회로 모인 목적이 성경을 확정 짓는 게 아니었음을 다시 한 번 명심하라(이후 다른 공의회에서도 마찬가지다). 그들은 무에서 정통을 만들어 낸 게 아니라 당대의 현행 논점을 다루었다. 그들의 바람은 옛 가르침에 참신하고 농축된 목소리를 입혀, 현재 떠오른 새로운 주제에 접목하는 것뿐이었다. 그래서 그들은 성경의 같은 개념을 다른 어휘와 다른 형식으로 표현했다. 신경의 표현을 성경 구절의 짜깁기로만 국한한다면 그것은 이런 말과 같다. 오늘날 성경을 공부할 유일한 방법, 즉 현대 문화라는 현실 세계에서 벌어지는 사건들을 성경으로 논평할 유일한 방법은 성경 본문을 글자 그대로 인용하는 것뿐이라고 말이다.

하지만 왜 그런 제약을 두는가?

성경 정경은 완결되었지만 진리와 성경은 죽어 있는 게 아니다.

역사 속에 등장한 신경들은 빗나간 관점에 대처하는 하나의 방식이었다. 그런 관점들은 이미 확립된 정통의 테두리 바깥에 이미 존재하고 있었다. 교회가 같은 내용을 다른 문구로 표현한 것은 정통 가르침을 대체한 게 아니라 그것을 구체적 주제에 재적용한 것뿐이다.

회의론자들은 교회사에 있었던 이런 사건들에서 음모, 변질, 초토화 방식의 포교, 성경의 개작 등 별의별 것을 다 읽어 내려고 혈안이 되어 있다. 그러나 거듭 말하지만 이는 검증 가능한 연구의 산물이 아니라 AD 첫 몇 세기의 기독교의 지평을 너무 복잡하게 과장한 결과다. 이런 복잡성은 1세기의 다양성이 실제보다 훨씬 컸다는 잘못된 인상을 조장한다. 그 결과 기독교의 다른 형태들이 마치 평평한 경기장에서 싸운 것처럼 되고, 따라서 정통이 덜 독특하거나 덜 우세해 보인다. 결국 기독교 역사는 동급인 상대 중에서 하나만 선발된 역사가 되고 만다.

다양성이 아니면 죽음을 달라는 것이다. 사실 우리의 논증은 이것이다. 그들에게 다양성을 주면 모든 진리 주장은 죽는다.

선조들의 신앙

그렇다고 오해해서는 안 된다. 기독교 신앙에는 분명히 정당한 다양성이 존재한다. 우리는 각자 은사를 받은 대로 사용하며, 성경은 다양성 속에서 연합을 촉구한다. 모든 사람이 '다리'나 '발'이나 '팔'일 수는 없다. 몸이 제구실을 하려면 모든 지체가 협력해야 한다.

마찬가지로 성경의 책들에도 정당한 다양성이 있다. 사복음서를 생각해 보라. 서로 다른 네 사람이 썼으며 어휘와 관점과 대상 독자도 각기 다르다. 어느 학자가 말했듯이 "신약이라는 합창곡은 모두 한 성부로 부르는 제창이 아니다."[15]

그러나 정당한 다양성은 모순과 다르다. 통일된 구심점이 없다는 뜻도 아니다. 우리에게 그 통일된 구심점은 곧 복음이다. 예수님에 대한 사도들의 가르침이다. 그분은 우리 죄 때문에 십자가에서 죽으시고 장사되었다가 사흘 만에 살아나셨으며 장차 다시 오실 것이다. 부활하신 예수님은 구원에 대한 권위를 하나님과 공유하신다. 모든 인간은 결국 그분 앞에서 자신의 인생을 책임져야 한다. 그분은 믿음으로 받아들이는 사람에게 성령 안에서 생명을 선물로 주신다. 기쁜 소식이란 그분의 용서와 생명의 선물을 받아들여 지금부터 영원까지 하나님과 함께하는 여정이다. 바로 이것이 바울을 비롯한 신약의 모든 저자가 만장일치로 확언한 구심점이자 앞서 누누이 말한 정통이다. 또한 이것은 오실 메시아를 고대하던 구약과도 일치한다. 누구든지 이렇게 고백하지 않는 사람은, 설령 바울이나 하늘에서 온 천사라도 저주를 면할 수 없다.

그러므로 아무에게도 속지 마라. 그들은 서로 다른 두 다양성을 하나인 것처럼 넘나들 것이다. 하나는 우리가 즐겁게 누려야 할 정당한 다양성이지만, 또 다른 하나는 기독교 신앙의 구심점에 동의하지 않는 다양성이다. 둘은 천지 차이다. 사람마다 예수님을 예배하는 방식이 다를 수 있을까? 물론이다. 그러나 1세기 기독교의 통일된 역사적 복음의 테두리 안에서만 가능하다.

그러므로 이제 당신은 교회 좌석에 편히 앉아도 된다. 당신의 신앙(그동안 읽고 알고 받아들인 기독교 교리와 신조에 기초한 신앙)은 어느 위원회에서 날조한 게 아니다. 이 신앙은 사람들이 예수님의 물리적 임재 안에서 직접 보고 들으며 경험했던 내용으로까지 거슬러 올라간다. 이것은 진짜다. 정말 그분이다. 시대를 초월한다.

오늘날에도 정통 신앙에 대항하는 세력이 존재하는가? 그렇다. 예수님을 이단으로 몰아가려는 사람이 있는가? 그렇다. 거짓 가르침이 있는가? 그렇다. 그래서 교회는 초기에 그랬듯이 지금도 오류를 지적하고 드러낼 사명이 있다. "미쁜 말씀의 가르침을 그대로 지켜야 하리니 이는 능히 바른 교훈으로 권면하고 거슬러 말하는 자들을 책망하게 하려 함이라"(딛 1:9).

사람들이 기독교 신앙에 제기하는 정당한 질문이 있다. 당신도 그것을 책에서 읽거나 텔레비전에서 보거나 인터넷에서 접할 것이다. 지금까지 우리는 당신을 그런 질문에 대한 답으로 안내했다. 당신에게도 정당한 질문이 있었다면 우리가 충분히 자세히 답했기를 바란다. 그래서 이제 당신이 인간 조건에 대한 그리고 하나님 앞에서 자신의 영혼에 대한 성경의 깊은 메시지를 잘 생각해 보기 바란다.[16] 그 메시지가 이치에 맞거든 거리낌 없이 그분을 예배하라. 그리고 하나님의 능력에 힘입어 그분의 은혜와 용서와 권위에 함축된 의미를 삶으로 실천하라. 이 신앙을 위해 담대히 싸울 때 당신이 의지하는 사람들은 아주 초기로까지 거슬러 올라간다. 그들은 예수님과 직접 사귀었던 사람들이다.

토의 질문

1 현재 문화는 어떤 식으로 다양성을 떠받드는가?

2 다양성을 중시하는 문화가 긍정적으로 작용할 때는 언제고, 절대 진리를 믿는 사람에게 문제가 될 때는 언제인가?

3 초대 교회는 참된 신앙과 거짓 신앙을 신중하게 가려냈는데, 이번 장에 인용된 성경 본문에 그것이 어떻게 나타나 있는가?

7장

바트 어만[1]   그러다 뭔가 다른 일이 벌어졌다. 그들 중 일부가 하나님이 개입하여 그분을 죽음에서 살리셨다고 말하기 시작했다. 이 이야기가 퍼져 나가면서 최측근 제자 중 일부(전부인지도 모른다)는 그분이 정말 살아나셨다고 생각하게 되었다.

예수는 정말 무덤에서 부활했는가?

그렇다면 그것을 어떻게 증명할 것인가?

N. T. 라이트[2]

내가 알기로 역사가도 기독교가 출현하여 대세를 이룬 이유를 이렇게 말할 수밖에 없다. 다른 모든 설명은 초대 그리스도인이 직접 내놓은 설명보다 역사적 설명으로서 훨씬 설득력이 떨어진다. 예수님은 정말 부활절 아침에 빈 무덤을 남기고 죽은 자들 가운데서 살아나셨다.

이 책을 처음 펼 때만 해도 당신은 종착지가 어디일지 몰랐을 것이다. 그동안 우리는 성경이 모순투성이라는 과장된 주장, 성경 정경이 탄생하던 현장, 희미한 촛불이 타들어 가는 고대 사본이 있는 보관실 등을 쭉 지나왔다. 이 여정이 당신에게 재미있고도 격려가 되었기를 바란다. 당신 신앙의 기초가 관계적으로나 지적으로나 아주 안전하다는 사실을 깨달았기를 바란다.

그러나 이 진리의 여정을 마치려면 마지막 한 곳을 빼놓을 수 없다.

바로 빈 무덤이다.

이 책에서 훑어본 주제 중 일부는 당신이 듣는 종교학 수업에서 다루어지지 않을 수도 있다. 강의를 듣거나 필기할 일이 없을지도 모른다. 그러나 예수님의 부활이라는 주제만은 절대 피해 갈 수 없다. 진리와 회의 사이의 전투에서 예루살렘 지역에 있는 이 특정한 땅이 걸린 싸움보다 더 중요한 것은 없다. 죽음이 금요일 오후에 그곳에 입주했다가 주일 아침에 앞문으로 틀림없이 나갔다.

내러티브에서 그 대목을 고치면 기독교는 깨끗이 사라져 버린다. 남는 거라고는 이상하면서도 호기심을 끄는 한 중동 남자가 급진

적이면서도 따뜻해 보이는 신념 때문에 처형당했다는 사실뿐이다.[3] 무난한 읽을거리로는 좋겠지만 인생의 중심으로 삼을 수는 없다. 죽은 종교의 역사일 뿐이다.

그럴 수밖에 없다.

그러므로 이번 마지막 장 주제야말로 신앙에 대한 위험도가 가장 높다. 하지만 확신해도 좋다. 당신은 성경책과 세례 증서보다 훨씬 많은 것을 들고 광장에 나갈 수 있다. 더없이 중요한 이 성경 주제에 대해 우리가 꼼꼼하고 합리적인 논박과 논리로 당신을 무장하게 해 줄 것이다. 사람들은 당신의 견해를 근거 없는 전통에 대한 맹목적 희망이라고 일축할 수 있다. 그거야 그들의 자유다. 하지만 이때 그들이 돌려받을 것은 절대 멀뚱멀뚱한 응시로 끝나지 않는다. 적어도 당신에게서는 아니다. 그들은 당신이라는 사람과 당신의 답변을 상대해야 한다.

당신이 그들에게 말해 줄 많은 진실이 있다.

움직이는 시신

부활을 불신하는 관점에 맞선 모든 논증의 출발점은 빈 무덤 자체다. 회의론자에게 가장 솔깃한 이론이 매번 무엇인지는 모르지만, 어떤 이론을 택하든 적어도 무덤이 열려 있었다는 사실만은 외면해서는 안 된다. 예수님이 기적적으로 살아나셨다는 이야기가 나돌기 시작한 것은 그분이 죽으신 지 불과 이틀 만이었다. 이때 그분의 무덤에 얼른 한 번만 행차했어도 그런 광적인 논란쯤이야 식은 죽 먹기로 막을 수 있었을 것이다. 시신 하나만 있으면 그것으로 이야기는 끝이었다.

다들 물러났을 것이다.

하지만 실제로는 분명히 그것과 달랐다. 누구나 부활에 대해 마음대로 추측할 수 있다. 시신을 도둑맞았을 거라고 말해도 좋고, 애초에 정말로 그곳에 시신을 두었는지 의심해도 좋다. 그러나 무덤은 비어 있었다. 어떻게든 누군가 손을 댔다. 오늘날까지도 우리가 이 이야기를 하고 있다는 사실이 그 충분한 증거다. 예수님이 십자가에서 죽으신 후에 다시 살아나셨다는 제자들의 주장이 다른 면에서는 알맹이가 없어 보인다 해도, 적어도 빈 무덤만은 자산 계정에 적혀 있다. 나머지 이야기를 혹 믿지 않더라도 그 점만은 그들의 진술과 일치한다.

성경에 분명히 나와 있듯이(물론 어떤 사람은 성경을 별로 중시하지 않지만) 유대인 관리들은 예수님이 죽으신 직후에 로마 당국을 찾아가, 행여 불미스러운 사태가 발생하지 않도록 무덤을 지켜 달라고 간청했다(마 27:62-66). 그러다 주일 아침에 청천벽력 같은 소식이 전해지자 제사장들은 급히 예비비를 돌려 로마 경비대에 뇌물을 주면서, 누군가 어두운 밤을 틈타 무덤에 침입하여 시신을 훔쳐 간 것으로 서로 말을 맞추었다(마 28:11-15).[4] 논리적인 은폐처럼 보인다.

그러나 예수님의 시신이 사후 사흘이 지나서도 무덤에 남아 있었다고 주장할 만한 합리적 근거는 없다. 우리가 알기로 여태까지 예수님의 시신이나 부패한 유해를 찾아냈다고 주장한 사람은 아무도 없었다. 시신이나 유해가 나왔다면 모든 논쟁은 즉각 끝났을 것이다. 하지만 무덤이 비어 있으니 사람들은 다른 논리를 제기할 수밖에 없었다. 괄호를 채워 넣을 대안이 필요했던 것이다.

회의론자들이 어떤 논리를 펴는지 한번 보자.

허깨비를 보았다는 환각설

이번 장에서 살펴볼 두 가지 주요 대안 중 첫째는 예수님의 제자들이 슬픔에 겨워 넋을 잃은 나머지, 살아 계신 그분을 상상 속에서만 보았다는 것이다. 즉 그분이 가시적으로 임재하여 그들과 대화하고 어깨동무하며 미소 짓고 껄껄 웃으며 그들을 다독여 주고 아침을 차려 주신 것은 다 그들의 환각에 불과했다. 하지만 얼굴을 마주한 경험을 한 달이 넘게 계속 상상해 내기란 쉬운 일이 아니다. 그런데도 제자들이 그분을 마음의 눈으로만 보았다는 이론이 버젓이 존재한다.

알다시피 그들은 3년 전에 가족과 잘나가던 일을 등지고 어느 신비로운 나그네를 따라나섰다. 그런데 시간이 가면서 그들의 관측과 기대는 처음에 이 영적 여정을 나설 때 꿈꾸었던 것보다 훨씬 커졌다. 자기를 따르라고 그들을 초대했던 사람은 그냥 설득력 있는 종교 스승이 아니었다. 그분은 하나님의 아들이셨고 그들이 대망하던 메시아였다. 적어도 본인이 그렇게 말했고, 그들도 그동안 보고 들으며 마음에 감동을 받아 점차 그렇게 믿게 되었다. 그런 분과 막역한 사이가 되었으니 기분이 어땠을지 상상해 보라!

그러니 그분의 죽음은 어떤 경우에도 충분히 힘든 일이었다. 그들의 삶과 미래는 차마 감당하지 못할 타격을 받았다. 정신적, 영적, 신체적, 정서적인 모든 면에서 그랬다. 그래서 회의론자들은 예수님의 최측근 제자들이 정신적 혼란에 빠져 대응책 마련에 부심하던 차에 백일몽 속에서 그분을 떠올린 거라고 주장한다.

좋다, 그럴 수도 있겠다. 드물지만 가끔은 가능하다.

하지만 열한 명(유다가 자살한 후 남은 사도의 수)이 모두 똑같은 환각을 경험할 수 있는가? 5백 명이 한날 한곳에서 예수님을 보았던 사건은 어떤가(고전 15:6)? 참석자 전원에게 환각제라도 나누어 주었단 말인가? 부활하신 예수님은 매번 무슨 야외 음악 축제에서만 나타나셨는가?

게다가 이것은 또 어떤가? 바울은 예수님의 추종자를 색출하여 예루살렘 감옥으로 데려오려고 다메섹으로 가던 중 바닥에 고꾸라졌는데, 그때 그는 절대 슬픈 상태가 아니었다. 예수님의 흔적조차

증오했던 그로서는 추종자들을 몽땅 북소리에 맞추어 그분처럼 무덤으로 보낼 수만 있다면 그보다 더 기쁜 일은 없었을 것이다. 부활하신 그리스도의 생생한 모습과 음성은 완전히 바울의 허를 찔렀다. 정말 꿈에도 상상하지 못했을 것이다. 그런 그가 혼란스럽고 몽롱한 감정 상태에 빠졌다는 게 논리적으로 말이 되는가?

그뿐 아니라 환각설로도 빈 무덤은 여전히 설명할 수 없다. 무덤은 처음부터 큰 돌로 단단히 봉해져 있었고 주변에 천하장사도 없었다. 이 사실까지도 환상일 수는 없다. 그러므로 사라진 예수님의 시신은 환각설에 불리하게 작용하고 오히려 제자들의 설명에 유리하게 작용한다.

잔머리를 굴렸다는 사기설

이런 환각설 외에 흔히 거론되는 또 다른 가설은 그리스도의 제자들을 순전히 거짓말쟁이로 매도한다. 예수님의 죽음을 어떻게든 설명해야 했던 그들은 우선 급한 대로 말을 지어냈다. 일단 시간을 벌어 발등의 불부터 끈 뒤 계속 먹혀들 방도를 찾아낼 심산이었다. 일을 벌이면서 수습해 나가는 식이었다.

그러려면 잘해야 했다.

이 수법이 통하려면 당연히 시신을 훔치는 게 큰일이었다. 하지만 평소에 순박하던 작은 무리가 어떻게 순식간에 보석 절도단처럼 변할 수 있었을지 의문이다. 특히 그들은 불과 48시간 전만 해도 그런 생각을 할 수 없었다. 게다가 작전에 성공하려면 로마 군인 다수를 제압해야 하는데, 허세로 보나 실제 중무장으로 보나 군인 쪽이 단연 우세하다. 그러니 제자들은 아예 경비대에 발각되지 않게 특수 요원처럼 감쪽같이 범행을 저질러야 했다. 쥐도 새도 모르게 침투했다가 빠져나와야 했다.

이렇듯 이 계획을 실행하는 것 자체가 불가능에 가까웠다. 하지만 당신이 <미션 임파서블> 영화를 많이 봐서 이런 시나리오도 가능하다고 믿는다고 치자. 여기 역사적 난제가 하나 더 있다. 예수님의 죽음으로 메시아 운동도 사실상 완전히 숨이 끊겼다. 부활 이야기를 꾸며 낸다는 개념 자체가 누구에게나 불가능했을뿐더러, 제자 중에도 그것을 여론 조작에 유리하게 여기는 사람이 없었다는 뜻이다. 목숨을 걸 만한 일이 아니었다.

이 방법이 통하지 않을 두 가지 이유가 있었다. 하나는 사람들이 바라던 메시아상이고, 또 하나는 부활 신학이었다.

사람들이 믿어 온 메시아는 세상을 지배할 군사적 인물이었다. 수많은 유대인이 처음부터 예수님을 형편없는 메시아 감으로 무시한 것도 그분이 그 틀에 맞지 않았기 때문이다. 그런 그분이 죽기까지 했으니, 설령 살아난다 해도 그들이 보기에 그분의 주가가 올라갈 일은 없었다. 생전 모습으로 미루어 그들은 "예수 2.0" 버전이 있어도 민족을 해방할 자가 되리란 기대가 없었을 것이다. 이제 다른 사람을 찾아야 할 때였다. 요컨대 그분의 비참한 죽음(사도들과 추종자들의 관점에서 보면 비참했다)을 계기로 자연스럽게 부활 신화가 만들어질 일은 없었다. 부활은 현실에서나 효과 면에서나 결정적 반전이 될 가망이 없었다. 유대인들은 절대 믿지 않을 일이었다.

다른 사람도 다 마찬가지였다. 유대 문화 바깥을 지배하던 죽음에 대한 종교 사상에 따르면, 죽음으로 영과 육이 분리되는 것은 긴 안목으로 보아 다분히 긍정적인 일이었다. 영혼은 선하고 육체는 악하다는 전제가 있었기 때문이다. 따라서 사람의 부활, 즉 영과 육의 재결합은 전혀 있을 법하지 않은 망상일 뿐 아니라 탐탁하지도 않은 일이었다. 그러므로 설령 예수님을 (감쪽같이) 살려 낸다 해도 제자들 쪽에서 그것이 바깥세상의 세계관에 잘 먹혀들 거라고 기대하지는 않았을 것이다.

물론 부활이라는 주제에 대한 유대인의 신학도 달랐다. 그들에게 이 변화는 인격적이고 개인적이면서도 민족과 집단을 아우르는 것이었다. 만물의 변화가 관건이었다. 그뿐 아니라 장차 부활과 동시에 온 세상이 새롭게 되어, 인류는 전혀 새로운 경험 속에 새롭게 존재할 것이었다. 따라서 흠 많은 인류 역사 중간에 누군가 다시 살아나, 되찾은 기력으로 죽기 전과 똑같이 온갖 문제와 갈등 속을 살아간다는 것은 그들로서는 상상할 수 없는 일이었다. 심지어 제자들도 예수님이 그분의 죽음과 부활을 예고하실 때마다 도대체 무슨 말인지 모르겠다는 듯 고개만 내저었을 뿐이다.

요컨대 1세기 문화에 이런 황당한 주장을 바라거나 기대한 사람은 아무도 없었다. 비록 믿기 힘들어도 대중의 마음이 부활 이야기에 끌리기라도 했다면, 우리도 이 사기설을 논리적으로 계속 추적해 보았을 것이다. 하지만 그런 사기를 쳐도 별 소용이 없었다. 이제 남은 질문은 이것뿐이다. "제자들이 무엇 때문에 그러겠는가?"

사실 충성스러운 추종자들을 주변에 모아 놓고 자신을 메시아로 알린 뒤 그런 대담한 선포 때문에 죽임을 당한 인물은 역사상 예수님이 처음이 아니었다. 그런데도 N. T. 라이트는 이렇게 말했다. "실망한 추종 세력이 자기네 영웅의 부활을 주장했다는 언급은 단 한 번도 암시조차 찾아볼 수 없다. 그들도 그 정도는 알았다. 부활은 사적인 사건이 아니었다. 지도자는 당국에서 처형당하고 본인들은 가까스로 체포만 면한 경우, 유대인 혁명가가 갈 길은 혁명을 포기하거나 다른 지도자를 찾거나 둘 중 하나였다. 원래 지도자가 다시 살아났다는 주장은 어림도 없었다. 물론 정말 살아났다면 이야기가 달라지지만 말이다."[5]

그렇다, 정말 살아나지 않고는 어림도 없다. 거짓의 효력은 잠깐뿐이기 때문이다. 경험으로 보건대(사기설을 일단 인정한다는 전제하에), 예수님의 추종자도 그런 거짓된 삶이 정말 절박했다면 한동안은 그런 척 연기하며 버틸 수 있었을 것이다. 그러나 모두가 장단을 맞추어 이야기를 끝까지 일관되게 밀고 나가는 것은 엄청난 중압감을 이겨 내야 하는 일이며, 결국 그 앞에서 속임수는 와해되기 마련이다. 거짓으로 살아가는 일은 원래 끔찍한 법이다.

거짓을 위해 죽기란 더 어렵다.

그런데 제자들은 부활하신 예수님을 전하다 죽었다. 몇 번만 있었던 산발적 사건이 아니라 세대와 시대를 초월하여 온 세상에 순교의 물결이 계속 퍼져 나갔다. 오늘날 예수님의 부활을 한사코 부정하며 그것을 제자들이 억지로 꾸며 낸 그리스도의 전설 정도로 생각하는 사람들은 다음 사실을 설명할 수 있어야만 한다. "예수를 따르다 패배한 작은 무리가 어떻게 거의 하룻밤 사이에 대담무쌍한 증인으로 변하여, 50일 전에 예수님의 십자가형을 도왔던 바로 그 사람들 앞에서 목숨을 내걸고 그분의 육체적 부활을 선포할 수 있었겠는가?"[6]

그들은 설명할 수 없다. 누군들 설명할 수 있으랴.

변증가이자 작가인 게리 하버마스Gary Habermas는 이렇게 썼다. "자신의 소신을 위해 죽은 사람이 많이 있거니와, 부활 사건을 위해 죽음도 불사한 예수님의 제자들은 그 사건이 진실인지 거짓인지 분명히 알았다."[7] 만일 그들이 거짓말 때문에 고문까지도 각오했다면 그것은 그들에게 자멸의 극치였을 것이다. 거짓을 위해 버티는 데는 한도가 있다. 그 이상은 어렵다. 그런데 제자들은 옥살이와 박해를 무릅쓰고 남은 평생 부활을 전했다.

아, 한 가지가 더 있다. 여태 살펴본 논박에 썩 공감할 수 없다면 이것을 마지막 결정타로 생각해도 좋다. 누구든지 급히 이야기를 꾸며 낼 때는 대개 사건에 대한 생각이 과해진다(당신이 이런 일에 문외한이라고 가정하자!). 안전하고 빈틈없이 하려고 소소한 부분까지 겹겹이 덧칠한다. 그래야 상대(당신의 부모, 교사, 남자 친구, 여자 친구)가 그대로 곧이들을 테니 말이다. 실제로 있었던 일을 그냥 전하는 게 아니다 보니 온갖 가능성이 열려 있다. 그래서 인간의 기만적 속성 때문에 우리는 빈 부분을 채워 넣게 된다.

그런데 잔머리를 굴렸다는 예수님의 제자들이 제정신을 잃지 않고서야 어떻게 부활 사기극의 주인공 자리에서 자신들을 뺐겠는가? 예컨대 1세기 유대인치고 탄탄한 이야기를 지어내려면 절대 여자를 주역으로 등장시키지 않았을 것이다. 당시에 여자는 성폭행 같은 특별한 사건을 제외하고는 법정에서 증언할 자격도 없었다.[8] 그러니 여자들이 부활하신 그리스도를 제일 먼저 대면하고 가장 믿을 만한 목격자가 된다는 것은 불가능에 가까웠다. 1차 각본과 2차 각본은 물론이고 사도들이 지하에서 말을 맞추어 급조해 낸 어떤 각본에서라도 마찬가지다.

앞뒤가 맞지 않으려니 설상가상으로, 열한 제자가 그런 말을 하는 여인들을 미친 사람 취급했다는 기록까지 있다. 성경에 보면 "사도들은 그 [여자]들의 말이 허탄한 듯이 들려 믿지 아니"했다고 되어 있다(눅 24:11). 부활 사건이 실제로 있었음을 모든 사람에게 확인해 주려는 의도였다면 이거야말로 전혀 가능성이 없는 연기다.

이렇듯 이야기는 있을 법하지 않았고, 청중은 감동하지 않았으며, 배역은 완전히 엉뚱한 사람들에게 맡겨졌다. 게다가 일찍 죽을 위험까지 무릅써야 했다. 이 주장에 따르면 제자들은 증인 축에 들지도 못하는 사람(여자들)을 통해, 그 문화에서 인기 없는 개념(부활)을 날조하여, 허다한 불신의 추종자(의심하는 제자들)에게 제시했다. 회의하는 청중을 그런 식으로 설득하려 한 것이다. 이중 어떤 요소도 사기설의 자격 요건에 부합하지 못한다. 또한 훨씬 더 합리적인(회의론자로서는 여전히 믿기 어렵겠지만) 설명에 일말의 타격도 입히지 못한다. 즉 예수님은 지상 최고의 놀라운 기적을 통해 부활하신 몸으로 무덤에서 나오셨다.

초자연적 회의론

그 밖에 다른 주장도 있다. 어떤 사람은 예수님이 정말 죽으신 게 아니라 기절하여 의식을 잃었을 뿐이라고 믿는다. 또 어떤 사람은 부활 후에 나타난 인물이 예수님으로 속여 말했거나 대역이거나 똑 닮은 사람이었다고 말한다. 그분이 모종의 영적 형체로 돌아왔기에 실제로 몸이 죽었다 살아난 것과는 다르다는 입장도 있다. 그러나 이를 비롯한 나머지 모든 주장의 배후에는 초자연적인 것이라면 무조건 배격하고 보는 회의론이 깔려 있다. 받아들이기 가능한 이론 범위에 고작 사별의 충격, 정신적 망상, 공모한 연극 따위만 허용된다면 이는 선택의 범위를 고의로 제한하는 처사다.

그렇다고 그들이 범위를 합리적 설명들로 제한하는 것도 아니다. 이상의 다른 주장들은 어느 것도 합리적이지 않기 때문이다. 어느 것도 빈 무덤을 설명하지 못한다. 설명한다 해도 지금껏 살펴보았듯이 수많은 요인에서 실격이다. 좋든 싫든 가장 합리적인 이야기는 성경에 사실로 선포된 바로 그 이야기다. 초자연적이라는 이유만으로 답이 아니라고 밀어내서는 안 된다. 그것은 오감의 한계를 무너뜨리는 설명이라면 무조건 받아들이지 않겠다는 편견에 불과하다.

이제 남아 있는 질문은 하나뿐이다. "그리스도의 부활에 대한 성경의 설명은 합리적인가?"

그야 물론 합리적이다.

이제 당신은 이 결론으로 전국 어디에서 열리는 어떤 대화에든 참여할 수 있다. 당신이 관련 주제를 충분히 심사숙고했다는 확신, 그냥 맹목적 신앙으로 믿는 게 아니라는 확신, 그리스도를 믿는 당신의 믿음을 진실과 이성이 떠받쳐 준다는 확신을 품고 갈 수 있다. 그렇다고 모든 사람이 당신의 사고방식 쪽으로 넘어올 거라는 말은 아니다. 하지만 당신도 고작 '귀를 막고 크게 흥얼거리기나' 하지는 않을 것이다. 어만은 자신의 학생들이 회의의 공격에 제압당하지 않으려고 그런 식으로 행동한다고 했다. 팀 켈러의 예리한 통찰로 이번 장을 마치려 한다.

해마다 부활절이면 나는 부활에 대해 설교한다. 설교를 통해 나의 회의적인 세상 친구들에게 늘 하는 말이 있다. 설령 부활을 믿을 수 없다 해도 그들은 부활이 사실이기를 바라야 한다. 그들은 대부분 빈민을 위한 정의, 기아와 질병 퇴치, 환경 보호 등에 깊은 관심이 있다. 그런데 그중 다수는 물질세계가 우연히 생겨났으며 세상과 그 안의 만물이 결국 태양의 소멸과 함께 불타 없어질 거라고 믿는다. 그들은 정의에 관심을 갖는 사람이 너무 적다며 낙심하지만, 세상을 더 좋은 곳으로 만들려는 동기를 자신들의 세계관이 허물어뜨린다는 사실은 모른다. 결국 우리가 무엇을 해도 달라질 게 없다면 어쩌자고 다른 사람들의 필요를 위해 희생한단 말인가? 하지만 예수님이 정말 부활하셨다면 이는 세상의 필요를 위해 우리 자신을 쏟아부을 이유와 희망이 무한하다는 뜻이다.[9]

과연 옳은 말이다. 이제 그대로 살기만 하면 된다.

토의 질문

1 빈 무덤과 예수님이 부활하셨다는 목격자들의 주장에 대한 몇 가지 다른 설명은 무엇인가? 이런 설명들의 문제점은 무엇인가?

2 부활의 첫 목격자가 여성이었다는 사실에는 어떤 중요한 의미가 있는가?

3 팀 켈러의 말에 따르면 회의론자가 부활이 사실이기를 바라야 할 이유는 무엇인가?

후기

합리적 신앙과
지적 대화를 위한
읽을거리

바트 어만이 들려주는 이야기에 따르면 그는 대학 강의를 대개 이렇게 시작한다.

> 강의 첫날 나는 3백 명이 넘는 학생에게 이렇게 묻는다. "여러분 중에 성경이 하나님의 감동으로 된 말씀이라는 명제에 동의하는 사람이 몇이나 됩니까?" 강의실에 들어온 모든 학생이 우르르 손을 든다. 이번에는 이렇게 묻는다. "여러분 중에 『해리포터』 책이 한 권이라도 있는 사람이 몇이나 됩니까?" 역시 모든 학생이 우르르 손을 든다. 그다음 질문은 이것이다. "여러분 중에 성경을 전부 읽어 본 사람은 몇이나 됩니까?" 여기저기 드문드문 몇 명만 손을 든다. 그러면 나는 늘 웃으며 말한다. "자, 보세요. 성경을 하나님이 쓰셨다고 말한 건 내가 아닙니다. 여러분이 그렇게 생각한다고

나한테 말했지요. J. K. 롤링의 책을 왜 읽고 싶은지는 알 것 같습니다. 하지만 하나님이 책을 쓰셨다면…그분이 무슨 말씀을 하시려는 건지 보고 싶지 않습니까?"[1]

우리가 말해도 이보다 잘할 수 있을지 모르겠다. 하나님이 성경을 감화하셨다고(또는 그럴 가능성이라도 있다고) 생각하는 사람이라면 누구에게나 성경을 실제로 읽어 보라고 도전하고 싶다. 성경에 이의를 제기하려는 책을 하나라도 읽기 전에, 심지어 이 책처럼 성경을 강경하게 변호하는 책에 몰두하기 전에 먼저 성경을 읽으라!

- 죄와 그것이 당신의 주변 세상에 미치는 영향을 성경이 어떻게 다루는지 직접 보라. 나아가 그 내용이 주변 세상과 일치하는지 직접 판단하라.
- 예수님의 긍휼과 그분 말씀의 큰 권위를 직접 보라.
- 여러 저자가 썼지만 그 사이에 흐르는 놀라운 통일성을 직접 확인하라.
- 하나님의 위엄과 아름다움을 직접 보라. 그분은 세상이 시들어져 죽도록 그냥 두지 않으시고, 주도적으로 계획을 세워 그분의 창조 세계를 구속하시며 만물을 다시 회복하신다.

이 책 첫머리부터 우리는 맹목적 신앙과 합리적 신앙의 차이를 지적했다. 누누이 상기했듯이 기독교는 진실이 아닌 것을 그저 믿음을 위해 믿도록 누구에게도 요구하지 않는다. 이제 이 하나의 경험에서 다음 모험의 여정으로 떠나는 당신에게 이렇게 격려해 주고 싶다. 합리적 신앙의 위로와 확신을 품고서 회의론자의 도전을 뛰어넘어 일상의 리듬 속으로 들어가라.

신앙을 변호하는 사명에 너무 깊이 빠져들면 한 가지 아주 미묘한 위험이 있다. 자칫 신앙을 지적 수긍으로 축소할 수 있다는 것이다. 하늘은 파랗고, 잔디는 녹색이며, 예수님은 부활하셨다. 이렇게 표현하면 마치 이 세 문장이 똑같이 중요한 것이 돼 버린다. 아니, 예수님을 믿는 당신의 신앙이 탄탄한 이유는 그것이 다른 모든 세계관과 사고방식에 맞서서 합리적이기 때문만이 아니다. 예수님이 당신과 우리를 변화시키실 수 있기 때문이다. 그분은 우리 삶을 감화하여 원래 창조된 목적으로 충만하게 하신다.

합리적 신앙은 전천후 신앙이다. 그것은 강의실의 책상에서만 아니라 당신이 앉고 서며 생활하고 교류하는 모든 곳에서 다 통한다. 하나님과 그분 말씀에 대한 이 새로운 확신으로, 합리적 신앙이 당신의 머릿속에만 아니라 가슴속에까지 흠뻑 젖어 들게 하라. 당신의 모든 존재로 그분께 순복하라. 그러면 하나님은 당신이 꾸준히 성숙해지도록 도우시고, 새 하루와 삶의 기회를 주실 것이다. 그뿐 아니라 온갖 문제와 힘든 자리까지도 잘 감당하도록 준비시켜 주실 것이다.

늘 성경 안에 머무르라. 성경이 진리임을 입증하는 데서 그치지 말고, 살아 있는 성경이 당신을 그리스도를 닮은 사람처럼 생각하고 행동하며 말하고 반응하는 사람으로 변화시키는 것을 보여 주라. 당신 안에 성령이 역사하시기에 그런 변화가 일어날 수 있다.

성경의 배후에는 하나님의 영원한 진리와 속성이 놓여 있다. 그분은 진리의 중요성을 주장하는 당신의 투사이실 뿐만 아니라 충실한 신자인 당신의 마음과 영혼을 위하신다. 그분을 변호하는 사람으로 만족하지 말고 제자가 되라. 그러면 합리적 신앙을 갖춘 당신은 어디를 가든지 그 자리를 사랑하게 될 것이다.

"진리를 알지니 진리가 너희를 자유롭게 하리라"(요 8:32).

토의 질문

1. 의문이 제기될 때 해당 주제에 대한 성경의 가르침을 알고 있으려면, 평소에 늘 성경 안에 머물러야 한다. 어떻게 하면 당신은 확실히 성경 안에 머무를 수 있겠는가?

2. 당신은 건강한 교회에 동참하고 있는가? 당신은 교회에 어떻게 기여할 수 있겠는가?

3. 성경의 정확성을 의심하는 회의론자를 상대할 때 가장 좋은 방법은 무엇인가? 이 책에 나온 주제를 놓고 최근에 사람들과 대화할 기회가 있었는가?

머리말

1. Bart D. Ehrman, *Jesus, Interrupted: Revealing the Hidden Contradictions in the Bible(And Why We Don't Know about Them)*(San Francisco: HarperOne, 2009), p. 14. 「예수 왜곡의 역사」(청림출판사).

1장 회의론의 유혹

1. Bart D. Ehrman, *Did Jesus Exist? The Historical Argument for Jesus of Nazareth*(San Francisco: HarperOne, 2012), p. 142.
2. Bart D. Ehrman, *Misquoting Jesus: The Story Behind Who Changed the Bible and Why*(San Francisco: Harper, 2005). 「성경 왜곡의 역사」(청림출판사); *God's Problem: How the Bible Fails to Answer Our Most Important Question—Why We Suffer*(New York: HarperCollins, 2008); *Jesus, Interrupted*(San Francisco: HarperOne, 2009); *Forged: Writing in the Name of God—Why the Bible's Authors Are Not Who We Think They Are*(San Francisco: HarperOne, 2011).
3. Ehrman, *God's Problem*, p. 127.
4. Ehrman, *Misquoting Jesus*, p. 10.
5. D. A. Carson, *The Intolerance of Tolerance*(Grand Rapids: Eerdmans, 2012), p. 97, 강조체 저자.
6. Ehrman, *God's Problem*, p. 4.
7. Ehrman, *Jesus, Interrupted*, p. 17.
8. Michael J. Kruger, "Review of Bart D. Ehrman, *Jesus, Interrupted*," *Westminster Theological Journal* 71, no.2(2009): p. 502-509. ATS(the Association of Theological Schools)는 미국 내 많은 신학대학원을 인가하는 기관이다.
9. Ehrman, *Did Jesus Exist?*, p. 143-144.

2장 하나님은 정말 존재하는가?

1. Bart D. Ehrman, *God's Problem*(New York: HarperCollins, 2008), p. 16.
2. Timothy Keller, *The Reason for God: Belief in an Age of Skepticism*(New York: Penguin,

2008), p. 23-24. 『살아 있는 신』(베가북스).
3   Ehrman, *God's Problem*, p. 66.
4   같은 책, p. 128.
5   Keller, *The Reason for God*, p. 24.
6   Ehrman, *God's Problem*, p. 13.
7   같은 책, p. 13.
8   Alvin Plantinga, "A Christian Life Partly Lived" 출전: *Philosophers Who Believe: The Spiritual Journeys of 11 Leading Thinkers*, Kelly James Clark 편집(Downers Grove: InterVarsity, 1997), p. 72. 『기독교 철학자들의 고백』(살림).
9   Alister E. McGrath, *Mere Apologetics: How to Help Seekers and Skeptics Find Faith* (Grand Rapids: Baker, 2012), p. 166-167. 『알리스터 맥그래스의 기독교 변증』(국제제자훈련원).
10 Keller, *The Reason for God*, p. 74-75.
11 McGrath, *Mere Apologetics*, p. 166.

3장 성경은 어떻게 생겨났는가?

1   Bart D. Ehrman, *Lost Christianities: The Battles for Scripture and the Faiths We Never Knew* (Oxford: Oxford University Press, 2003), p. 248.
2   Michael J. Kruger, "Review of Bart D. Ehrman, *Jesus, Interrupted*," *Westminster Theological Journal* 71, no.2 (2009): p. 502-509.
3   Daniel Radosh, "The Good Book Business," http://www.newyorker.com/archive/2006/12/18/061218fa_fact1, 2013년 5월 14일 접속.
4   Irenaeus, *Against Heresies*, 3.1.1, 3.11.8.
5   다음 책을 보라. Bruce M. Metzger, *The Canon of the New Testament* (Oxford: Clarendon, 1987), p. 305-307.
6   같은 책.
7   같은 책, p. 172.
8   같은 책, p. 173.
9   *Catechesis*, 6.31.
10 *Hom. in Luc*, 1.
11 Andreas J. Köstenberger & Michael J. Kruger, *Heresy of Orthodoxy: How Contemporary Culture's Fascination with Diversity Has Reshaped Our Understanding of Early Christianity* (Wheaton, IL: Crossway, 2010), p. 166. 아울러 다음 책도 보라. Darrell Bock & Daniel Wallace, *Dethroning Jesus: Exposing Popular Culture's Quest to Unseat the Biblical Christ* (Nashville: Thomas Nelson, 2007), p. 113-122. 『예수 폐위』(국제제

자훈련원).
12 Richard Bauckham, *Jesus and the Eyewitnesses: The Gospels as Eyewitness Testimony* (Grand Rapids: Eerdmans, 2006).『예수와 그 목격자들』(새물결플러스).
13 덧붙여 말하자면 이 주제를 다룬 어만의 책들에서 보컴의 작품이 언급된 곳을 찾으려 한다면 허사다.
14 Ehrman, *Forged: Writing in the Name of God–Why the Bible's Authors Are Not Who We Think They Are* (San Francisco: HarperOne, 2011), p. 75.
15 다음 두 자료를 보라. Craig Evans, "Jewish Scripture and the Literacy of Jesus," http://www.craigaevans.com/evans.pdf, 2013년 10월 10일 접속. Alan Millard, *Reading and Writing in the Time of Jesus*, The Biblical Seminar 69 (Sheffield Academy Press, 2000).
16 Ben Witherington III, "Bart Interrupted," http://benwitherington.blogspot.com/2009/04.
17 Michael Kruger, "The Authenticity of 2 Peter," *Journal of the Evangelical Theological Society* 42 (1999): p. 670.
18 Michael Licona, "Review of *Forged: Writing in the Name of God–Why the Bible's Authors Are Not Who We Think They Are*," p. 2-3. 다음 웹사이트에 게시되어 있다. http://www.risenjesus.com/articles/52-review-of-forged, 2012년 6월 21일 접속.

4장 성경은 정말 믿을 만한가?

1 Bart Ehrman, *Jesus, Interrupted* (San Francisco: HarperOne, 2009), p. 16.
2 Ben Witherington III, "Bart Interrupted," http://benwitherington.blogspot.com/2009/04/bart-interrupted-part-four.html, 2010년 3월 25일 접속.
3 예컨대 다음 두 책을 참고하라. *Gospel of Nicodemus* 2. 예수님의 출생이 음행의 결과라는 비난이 되풀이된다. Origen, *Against Celsus* 1.28.『켈수스를 논박함』(새물결). 이 책에 따르면 예수님의 출생은 마리아와 판테라(Panthera)라는 로마 군인이 성관계를 맺은 결과였다.
4 Andreas J. Köstenberger, "John's Transposition Theology: Retelling the Story of Jesus in a Different Key." 출전: *Earliest Christian History*, Michael F. Bird & Jason Maston 편집, Wissenschaftliche Untersuchungen zum Neuen Testament 2/320 (Tübingen: Mohr Siebeck, 2012), p. 191-226.
5 사실 다른 복음서에도 예수님의 '표적'이 하나 나온다. 바로 '요나의 표적'(마 12:38-45)이다. 혹시 요한이 여기서 착상을 얻은 것은 아닐까?
6 다음 글을 참고하라. Köstenberger, "John's Transposition Theology."
7 Ehrman, *Jesus, Interrupted*, p. 89-90.
8 같은 책, p. 90.

9 D. A. Carson, *Jesus' Sermon on the Mount and His Confrontation with the World: An Exposition of Matthew 5-10* (Grand Rapids: Baker, 2004), p. 128.『산상수훈 연구』(생명의 말씀사, 원서의 제1부만 번역되어 있음-역주). 바울과 예수님의 관계를 합리적이고 덜 이분법적으로 고찰한 사례로 다음 책을 참고하라. David Wenham, *Paul: Founder of Christianity or Follower of Jesus?* (Grand Rapids: Eerdmans, 1996).『바울: 예수의 추종자인가 기독교의 창시자인가』(크리스챤다이제스트).
10 사복음서의 그리스어 원제를 보면 "마태에 따른 복음," "마가에 따른 복음," "누가에 따른 복음," "요한에 따른 복음"으로 되어 있다.
11 Bart Ehrman, *Misquoting Jesus*, p. 9.
12 같은 책, p. 11.
13 Michael J. Kruger, "Review of Bart D. Ehrman, *Jesus, Interrupted*," *Westminster Theological Journal* 71, no.2(2009): p. 502-509.
14 Richard Bauckham, *God Crucified: Monotheism and Christology in the New Testament* (Grand Rapids: Wm. B. Eerdmans, 1999), p. 24. 다음 책도 참고하라. Andreas J. Köstenberger, *A Theology of John's Gospel and Letters: The Word, the Christ, the Son of God* (Biblical Theology of the New Testament; Grand Rapids: Zondervan, 2009), p. 356-360.
15 N. T. Wright, *Jesus and the Victory of God* (Minneapolis: Fortress, 1997).『예수와 하나님의 승리』(크리스챤다이제스트). 예수님의 신성에 대해 라이트가 쓴 이 책의 논증을 유익하게 요약한 자료로 다음 두 책을 참고하라. Antony Flew, *There Is a God* (New York: Harper Collins, 2007), N. T. Wright "Appendix B," p. 188-195.『존재하는 신』(청림출판). Marcus Borg & N. T. Wright, *The Meaning of Jesus: Two Visions* (New York: Harper, 1999), p. 157-168.『예수의 의미』(한국기독교연구소).
16 Wright, *Jesus and the Victory of God*, p. 623.
17 Flew, *There Is a God*, Wright "Appendix B", p. 190-191.
18 같은 책, p. 192.
19 Darrell L. Bock, *Blasphemy and Exaltation in Judaism and the Jewish Examination of Jesus* (Wissenschaftliche Untersuchungen zum Neuen Testament 2; Tübingen: Mohr Siebeck, 2009).
20 D. A Carson, *The Gospel according to John*, Pillar New Testament Commentary (Grand Rapids: Eerdmans, 1991), p. 57.
21 Andreas Köstenberger, "Diversity and Unity in the New Testament." 출전: *Biblical Theology: Retrospect & Prospect*, Scott J. Hafemann 편집(Downers Grove: InterVarsity, 2002), p. 154-158.
22 G. B. Caird, *New Testament Theology*, L. D. Hurst 편집(Oxford: Clarendon, 1994), p. 24.

5장 성경은 정말 원본이 없는가?

1 Robert B. Stewart 편집, *The Reliablility of the New Testament: Bart D. Ehrman & Daniel B. Wallace in Dialogue* (Minneapolis: Fortress, 2011), p. 14.
2 Mark D. Roberts, *Can We Trust the Gospels? Investigating the Reliability of Matthew, Mark, Luke, and John* (Wheaton: Crossway, 2007), p. 37.
3 그 밖의 더 많은 예는 다음 책을 참고하라. Andreas J. Köstenberger, L. Scott Kellum, & Charles L. Quarles, *Cradle, the Cross, and the Crown: An Introduction to the New Testament* (Nashville: B&H Academic, 2009), "Table 1.1: Extant Copies of Ancient Works," p. 34. 『신약개론: 요람 십자가 왕관』(CLC).
4 Bruce M. Metzger & Bart D. Ehrman, *The Text of the New Testament: Its Transmission, Corruption, and Restoration*, 제4판(New York: Oxford University Press, 2005), p. 86.
5 "Can We Trust the Text of the New Testament? A Debate between Daniel B. Wallace and Bart D. Ehrman," 2011년 10월 1일; DVD; Dallas: Center for the Study of New Testament Manuscripts, 2011.
6 Andreas J. Köstenberger & Michael J. Kruger, *Heresy of Orthodoxy: How Contemporary Culture's Fascination with Diversity Has Reshaped Our Understanding of Early Christianity* (Wheaton, IL: Crossway, 2010), p. 210-211.
7 『유대 전쟁사』의 경우 3세기 사본이 하나 있으나 사실상 판독할 수 없으며, 작은 단편에 불과하다.
8 신약의 가장 오래된 사본을 일부 열거하면 다음과 같다(P는 '파피루스'를 가리킨다).
   - P52: 요한복음 18:31-33, 37-38이 수록된 사본으로 AD 125년경의 것이다.
   - P90: 요한복음 18:36-19:7이 수록된 사본으로 2세기 것이다.
   - P104: 마태복음 21:34-37, 43, 45(?)가 수록된 사본으로 2세기 것이다.
   - P66: 요한복음의 사본으로 2세기 말의 것이다.
   - P98: 요한계시록 1장이 수록된 사본으로 2세기 것이다.
   - P4, P64=P67: 누가복음 1-6장과 마태복음 3, 5, 26장이 수록된 사본으로 2세기 말의 것이다.
   - P46: 바울 서신 대부분의 사본으로 AD 200년경의 것이다[로마서 5-6, 8-16장, 고린도전후서, 갈라디아서, 에베소서, 빌립보서, 골로새서, 데살로니가전서, 히브리서(바울의 저작으로 분류되었다)].
   - P103: 마태복음 13-14장이 수록된 사본으로 AD 200년경의 것이다.
   - P75: 누가복음 3-18, 22-24장, 요한복음 1-15장이 수록된 사본으로 AD 200-225년경의 것이다.
9 "Can We Trust the Text of the New Testament? A Debate between Daniel B. Wallace and Bart D. Ehrman." 이 토론에서 어만은 그 점을 계속 강조했다.
10 다음 책의 내용을 다듬었다. Köstenberger & Kruger, *Heresy of Orthodoxy*, p. 211.

11 본문 비평에 대한 간단한 입문은 다음 책을 참고하라. Bruce M. Metzger, *A Textual Commentary on the Greek New Testament*, 제2판(New York: UBS, 1994), p. 1-16. 『신약 그리스어 본문 주석』(대한성서공회 성경원문연구소).
12 Bart D. Ehrman, *Misquoting Jesus*, p. 208.
13 Daniel Wallace, "The Gospel According to Bart: A Review Article of *Misquoting Jesus* by Bart Ehrman," *Journal of the Evangelical Theological Society* 49(2006): p. 339.
14 또는 "독생하신 하나님 [자신]"(또는 "독자적 자격을 갖추신 하나님")이 더 나을 수도 있다. 요지는 (마치 성부 하나님은 하나님이 아니라는 듯) 예수님 혼자만 하나님이라는 게 아니라 하나님의 독생자인 예수님도 하나님이라는 뜻이다. 다음 두 책을 참고하라. Andreas J. Köstenberger, *John*, Baker Exegetical Commentary on the New Testament(Grand Rapids: Baker Academic, 2004), p. 49-50. 같은 저자, *A Theology of John's Gospel and Letters: The Word, the Christ, the Son of God*(Biblical Theology of the New Testament; Grand Rapids: Zondervan, 2009), p. 381-382.
15 Roberts, *Can We Trust the Gospels?*, p. 33-34.
16 Ehrman, *Misquoting Jesus*, p. 207.
17 필적과 고대의 필사자에 대한 더 자세한 내용은 다음 책을 참고하라. Köstenberger & Kruger, *Heresy of Orthodoxy*, p. 186-190.
18 Harry Y. Gamble, *Books and Readers in the Early Church*(New Haven, CT: Yale University Press, 1995), p. 91.
19 T. C. Skeat, "Early Christian Book-Production." 출전: *The Cambridge History of the Bible*, 제2권(Cambridge: Cambridge University Press, 1969), p. 73.
20 Köstenberger & Kruger, *Heresy of Orthodoxy*, p. 195.
21 Ehrman, *Misquoting Jesus*, p. 7.
22 같은 책, p. 211.
23 Peter Williams, "Review of Bart Ehrman, *Misquoting Jesus*," http://evangelicaltextualcriticism.blogspot.com/2005/12/review-of-bart-ehrman-misquoting-jesus_31.html.

6장 기독교 신앙의 내용은 누가 결정했는가?

1 Bart D. Ehrman, *Jesus, Interrupted: Revealing the Hidden Contradictions in the Bible (And Why We Don't Know about Them)*(San Francisco: HarperOne, 2009), p. 215. 『예수 왜곡의 역사』(청림출판사).
2 Andreas J. Köstenberger & Michael J. Kruger, *Heresy of Orthodoxy: How Contemporary Culture's Fascination with Diversity Has Reshaped Our Understanding of Early Christianity*(Wheaton, IL: Crossway, 2010). 뒤표지에 실린 카슨의 추천사.

3 이런 관점은 미국 문화에 지나치게 만연한 음모론 중 하나일 뿐 아니라 또한 지극히 냉소적이다. 즉 권력자에게 유리하다고 판명된 신념만이 기독교의 기초로 남았고 실제 진리(즉 종교적 다양성!)는 실세에 잔인하게 억압당했다는 것이다. 여기에 대해서는 다음 기사를 참고하라. David R. Liefeld, "God's Word or Male Words? Postmodern Conspiracy Culture and Feminist Myths of Christian Origins," *Journal of the Evangelical Theological Society* 48, no.3(2005): p. 449-473. 아울러 다음 책도 보라. Craig A. Blaising, "Faithfulness: A Prescription for Theology." 출전: *Quo Vadis, Evangelicalism? Perspectives on the Past, Direction for the Future: Nine Presidential Addresses from the First Fifty Years of the Journal of the Evangelical Theological Society* (Wheaton: Crossway, 2007), p. 201-216.
4 Bart D. Ehrman, *Lost Christianities: The Battles for Scripture and the Faiths We Never Knew* (Oxford: Oxford University Press, 2003), p. 173.
5 바우어의 논제를 더 충분히 논박한 내용은 다음 책을 참고하라. Köstenberger & Kruger, *Heresy of Orthodoxy*, 1-2장.
6 Darrell L. Bock, *The Missing Gospels: Unearthing the Truth behind Alternative Christianities* (Nashville: Thomas Nelson, 2007), p. 50.
7 그런 논쟁에 대한 1세기의 유일한 증거로는 예수님을 받아들이되 그분의 신성에 이의를 제기한 유대인 분파들(에비온파)이 있다.
8 영지주의를 고찰한 대표적 저서는 다음과 같다. Edwin Yamauchi, *Pre-Christian Gnosticism: A Survey of the Proposed Evidences* (Grand Rapids: Eerdmans, 1973). 본문에서 이어지는 내용을 더 참고하라.
9 다음 책을 참고하라. Köstenberger & Kruger, *Heresy of Orthodoxy*, 3장, 특히 p. 89-98.
10 2세기 주요 이단 분파에 대한 개괄은 다음 책을 참고하라. Antti Marjanen & Petri Luomanen 편집, *A Companion to Second-Century Christian "Heretics,"* Supplements to Vigiliae Christianae 76(Leiden: Brill, 2005).
11 바울은 최소한 세 번 선교 여행에 나섰는데 대략 그 시기는 각각 47-48년, 49-51년, 51-54년으로 추정된다. 예컨대 다음 책을 보라. Andreas J. Köstenberger, L. Scott Kellum, & Charles L. Quarles, *Cradle, the Cross, and the Crown: An Introduction to the New Testament* (Nashville: B&H Academic, 2009), p. 391-394. 『신약개론: 요람 십자가 왕관』(CLC)
12 Michael B. Thompson, "The Holy Internet: Communication between Churches in the First Christian Generation." 출전: Richard Bauckham 편집, *The Gospels for All Christians: Rethinking the Gospel Audiences* (Grand Rapids: Eerdmans, 1998), p. 49-70.
13 다음 책의 마지막 장을 참고하라. Bock, *The Missing Gospels*. 거기에 이 저작들을 개괄한 것을 보면, 그중 거의 전부에 이 핵심 신학이 무엇인지 이런저런 방식으로 언급되어 있다.
14 Köstenberger & Kruger, *Heresy of Orthodoxy*, p. 66.
15 G. B. Caird, *New Testament Theology*, L. D. Hurst 편집(Oxford: Clarendon, 1994), p. 24.

7장 예수는 정말 무덤에서 부활했는가?

1 Bart D. Ehrman, *Did Jesus Exist? The Historical Argument for Jesus of Nazareth* (San Francisco: HarperOne, 2012), p. 164.
2 N. T. Wright, "Jesus' Resurrection and Christian Origins," http://ntwrightpage.com/Wright_Jesus_Resurrection.htm, 2012년 6월 30일 접속.
3 이 주제를 다룬 탁월한 책으로 다음 고전을 빼놓을 수 없다. Josh & Sean McDowell, *More Than a Carpenter* (Carol Stream, IL: Tyndale Momentum, 2009). 「누가 예수를 종교라 하는가」(두란노). 더 넓게는 다음 두 책을 참고하라. C. S. Lewis, *Mere Christianity* (London: Geoffrey Bles, 1952). 「순전한 기독교」(홍성사); Timothy Keller, *The Reason for God: Belief in an Age of Skepticism* (New York: Penguin, 2008). 「살아 있는 신」(베가북스).
4 막달라 마리아도 부활하신 예수님을 알아보기 전에 그분께 이렇게 말했다. "주여 당신이 [예수님의 시신을] 옮겼거든 어디 두었는지 내게 이르소서 그리하면 내가 가져가리이다"(요 20:15). 아울러 그 전에 그녀가 천사들에게 했던 비슷한 말도 참고하라(요 20:13).
5 N. T. Wright, *Who Was Jesus?* (Grand Rapids: Eerdmans, 1993), p. 63.
6 Craig L. Blomberg, "Jesus of Nazareth: How Historians Can Know Him and Why It Matters," http://thegospelcoalition.org/cci/article/jesus_of_nazareth_how_historians_can_know_him_and_why_it_matters, 2012년 6월 30일 접속. 복음서 기사에서 보듯이 예수님의 제자들은 십자가 사건 이후에 죽도록 두려워서 문을 닫아걸고 숨었고(요 20:19) 그로부터 일주일 후에도 똑같았다(요 20:26).
7 Gary R. Habermas, "The Resurrection Appearances of Jesus." 출전: Michael Licona & William A. Dembski 편집, *Evidence for God: 50 Arguments for Faith from the Bible, History, Philosophy, and Science* (Grand Rapids: Baker Books, 2010), p. 174-175.
8 Richard Bauckham, *Gospel Women: Studies of the Named Women in the Gospels* (Grand Rapids: Eerdmans/Edinburgh: T&T Clark, 2002), p. 268-277. 다음 책도 참고하라. N. T. Wright, *Resurrection of the Son of God* (Christian Origins and the Question of God, 제3권)(Minneapolis: Fortress, 2003), p. 607. 「하나님의 아들의 부활」(크리스챤다이제스트). 아울러 다음과 같은 유대의 고대 문헌에도 보면, 이런 관념은 예수님 시대 이후에도 오랜 세월 동안 유대 전통에 일관되게 유지되었다. *m. Shebuot* 4.1. *Rosh Hashanah* 1.8. *b. Baba Qamma* 88a.
9 Timothy Keller, *The Reason for God: Belief in an Age of Skepticism* (New York: Penguin, 2008), p. 220.

후기

1 Bart D. Ehrman, *Jesus, Interrupted*, p. 225-226.